D. Herrmann

**Probleme und Lösungen
mit Turbo-Prolog**

Programmieren von Mikrocomputern

Die Bände dieser Reihe geben den Benutzern von Heimcomputern, Hobbycomputern bzw. Personalcomputern über die Betriebsanleitung hinaus zusätzliche Anwendungshilfen. Der Leser findet wertvolle Informationen und Hinweise mit Beispielen zur optimalen Ausnutzung seines Gerätes, besonders auch im Hinblick auf die Entwicklung eigener Programme.

Bisher erschienene Bände

Programmieren von Mikrocomputern Band 28

Dietmar Herrmann

Probleme und Lösungen mit Turbo-Prolog

Logikaufgaben
Sortierprogramme
Auswerfen von Datenbanken
Variationen von Bäumen

Mit 20 Abbildungen und 60 Programmen

Friedr. Vieweg & Sohn   Braunschweig / Wiesbaden

ISBN 978-3-528-04564-7   ISBN 978-3-322-91755-3 (eBook)
DOI 10.1007/978-3-322-91755-3

Der Verlag Vieweg ist ein Unternehmen der Verlagsgruppe Bertelsmann.

Umschlaggestaltung: Peter Lenz, Wiesbaden
Druck und buchbinderische Verarbeitung: W. Langelüddecke, Braunschweig

Inhaltsverzeichnis

Einleitung

Prolog (eigentlich: PROgrammation LOGique, meist als PROgramming in LOGic gedeutet) wurde 1970 bis 1972 von der Forschungsgruppe GIA (Groupe d'Intelligence Artificielle) der Universität Aix-Marseille unter der Leitung von Alain Colmerauer entwickelt und 1973 erstmalig auch implementiert.

Größere Bedeutung erhielt Prolog durch die Arbeiten von Robert Kowalski an der Universität Edinburgh ab 1974, der zusammen mit Harry Barrow vom Stanford Research Institute (Kalifornien) durch eine Implementierung auf einer DEC-10 einen grundlegenden Standard setzte. Diese Edinburgh-Version findet sich insbesondere in dem Standardwerk von Clocksin/Mellish (1981) [4].

Durch einen Gastaufenthalt von Koichi Furukawa 1978 in Stanford gelangte Prolog nach Japan. In einer breitangelegten japanischen Studie wurde Prolog als Programmiersprache der fünften Computergeneration ausgewählt. Damit gelang Prolog der weltweite Durchbruch zu einer *Sprache der künstlichen Intelligenz.* Es tritt damit in Konkurrenz zu Lisp (LISt Processing language), das bereits Anfang der sechziger Jahre von John McCarty am Massachusetts Institute of Technology in Boston entwickelt wurde und damit neben Fortran eine der ältesten Programmiersprachen ist. Während Lisp eine abstrakte, streng formal aufgebaute Sprache ist, kommt Prolog dem Programmierer durch eine leichte Lesbarkeit und einfachere Syntax entgegen.

Da Prolog neben Fakten auch Regeln enthalten kann, eignet es sich hervorragend, um eine Datenbank als *Wissensbasis* für ein Expertensystem zu verwenden. Ganz Prolog-spezifisch ist der eingebaute Backtracking-Mechanismus, der es dem Rechner erlaubt, aufgrund der gegebenen Fakten selbst eine Problemlösung in Angriff zu nehmen. Ein dritter wesentlicher Aspekt von Prolog ist die Unifizierung, die auf Arbeiten von J. Robinson (1965) zurückgeht. Diese ermöglicht eine Anpassung komplexer Strukturen an einfache Regeln und damit eine Handhabung von abstrakten Problemstellungen.

Zusammen mit der eingebauten Programmlogik lassen sich damit auf einfachere Weise als in anderen Programmiersprachen Probleme aus Logik, Wissensanwendung, Mustererkennung, Sprachanalyse, Symbolverarbeitung und Beweistechnik bearbeiten.

Inzwischen gibt es eine Vielzahl von Prolog-Compilern für Microcomputer. Außer Turbo-Prolog weichen auch das Arity-Prolog (Arity Corporation Massachusetts) und das Prolog II (PrologIA Marseille) erheblich vom *Standard-Prolog* ab. Turbo-Prolog von Borland (Kalifornien) stellt einen schnellen, komfortablen Einstieg in die Welt der deklarativen Programmiersprachen dar. Durch den integrierten Editor, Window-Technik, DOS-Schnittstelle, Real-Arithmetik und die Graphik wird sogar die Systemprogrammierung ermöglicht. In Kapitel 3 finden Sie Informationen zu Turbo-Prolog als System.

Kapitel 1 umfaßt zwölf Abschnitte, in denen die wichtigsten Grundlagen des Programmierens in Prolog besprochen werden. Wichtige Fachausdrükke und Begriffe werden außerdem im Stichwortverzeichnis (Anhang) gesondert erklärt. Insbesondere befinden sich dort alle Schlüsselwörter (*key words*) von Turbo-Prolog zum Nachschlagen. Den grundlegenden Prinzipien wie Backtracking, Rekursion und Unifikation ist jeweils ein eigener Abschnitt zugedacht; ebenso den logischen Grundlagen.

Dieses Buch soll kein Lehrbuch für Prolog sein. Es wendet sich an Leser mit Programmiererfahrung in einer oder mehreren prozeduralen Programmiersprachen wie BASIC oder C. Es werden aber auch Parallelen zu Logo und Lisp aufgezeigt. Da man das Programmieren am besten anhand zahlreicher Fragestellungen lernt, umfaßt das zweite Kapitel 60 Programmbeispiele der verschiedensten Art. Dabei wurde versucht, nicht nur *Prolog-typische Probleme* wie das Auswerten einer Datenbank oder Lösen von Logikaufgaben aufzugreifen.

Die Aufgabenstellungen sind vielseitig: Neben Kalender-Berechnungen werden das Würfelspiel und das Ziehen von Lottozahlen simuliert. Am Beispiel der bekannten Fibonacci-Folge wird die Umwandlung einer Rekursion in ein iteratives Schema aufgezeigt. Obwohl numerische Prozeduren kein Prolog-Thema sind, wird hier als Beispiel zur Real-Arithmetik die numerische Berechnung eines Integrals mittels Simpson-Formel gezeigt. Einblick in die Welt der Graphik bieten vier Variationen von *Bäumen* und *fraktalen Kurven*. Das Programm *party.pro* stellt ein grundsätzliches Verfahren zur Lösung von Logik-Aufgaben vor, bei denen verschiedene Bedingungen gleichzeitig erfüllt sein müssen. Die mit der Aussagenlogik verwandte Schaltalgebra wird zum Nachvollziehen eines Serienaddierers und eines Flipflops herangezogen. Anspruchsvoller sind die Programme zum Acht-Damen-Problem und Springerzug (Rösselsprung) auf dem Schachbrett. Anhand der hier eingesetzten Backtrackings wird die Entwicklung künstlicher Intelligenz gezeigt. Grundlegende Verfahren zur Listenverarbeitung werden im Abschnitt *Listen* bereitgestellt; diese können als Grundlage zur eigenen Programmierung dienen. In weiteren Programmen werden die zahlreichen Anwendungen des Listenkonzeptes bei anderen Datenstrukturen demonstriert. Am Beispiel der Sortierprogramme wird der prinzipielle Unterschied zwischen deklarativer und prozeduraler Programmierweise besonders deutlich. Auch Mengen-Operationen lassen sich sehr elegant in Prolog realisieren. Eine weitere Anwendung findet die künstliche Intelligenz in der Graphentheorie, einem relativ neuen Zweig der Mathematik. Als Beispiele werden hier die Färbung einer Landkarte und die Wegsuche in einem Labyrinth behandelt. Die Pluralbildung im Englischen und eine Mini-Grammatik werden im Abschnitt zum *Arbeiten mit Texten* aufgezeigt. Als Beispiel für Datenbanken findet sich hier eine Datei aller europäischen Länder, ein Katalog der 100 hellsten Sterne und ein Verzeichnis aller stabilen Atomkerne. Für nichtstabile Atomkerne wird abgeschätzt, welche Radioaktivität sie entwickeln. Dieses Programm kann bereits als Expertensystem angesehen werden. Das Programm *expert.pro* stellt ein eigentliches Expertensystem zur Klassifikation von Edelsteinen dar. Den Abschluß der Programme bilden zwei Benchmark-Programme, mit denen Sie die Schnelligkeit Ihres Rechners testen können, und das Programm *bios.pro*, das einen Zugriff auf das BIOS (*Basic Input-/Output System*) ermöglicht. Alle Programme sind auf Diskette erhältlich, die mit beiliegender Karte bestellt werden kann. Die Programme sind entweder selbst-startend (bei Aufruf von RUN im Hauptmenü) oder enthalten im Kommentarteil das aufzurufende Prädikat. Zahlreiche Graphiken und Bildschirm-Hardcopies dienen zur Veranschaulichung des Textes und dem Ablauf der Programme.

Verzeichnis der Programme

17. HILBERT.PRO	Graphik der Hilbert-Kurve
18. SCHNEEFL.PRO	Graphik der Kochschen Kurve
19. DRAGON.PRO	Graphik der Drachenkurve
20. WAHR.PRO	Erzeugung der Wahrheitswerttafeln
21. BOOL.PRO	Umformung von Booleschen Termen
22. ADDIERER.PRO	Simulation eines Serienbriefaddierers durch Anwendung der Schaltalgebra
23. PARTY.PRO	typische Aufgabe der Aussagenlogik: gleichzeitiges Erfüllen mehrerer Bedingungen
24. FLIPFLOP.PRO	Simulation eines Flipflops bei Frequenzhalbierung
25. ZEBRA.PRO	berühmte Zebra-Aufgabe auf der Zeitschrift LIFE
26. LUEGNER.PRO	Logikaufgabe: "Wer lügt?"
27. FAEHRMAN.PRO	graphische Lösung des bekannten Wolf-Ziege-Kohl-Problems
28. DAMEN.PRO	Ermittlung aller 82 Lösungen des Acht-Damen-Problems
29. SPRINGER.PRO	Lösung des Rösselsprung-Problems auf dem Schachbrett
30. LISTE.PRO	Bibliothek aller Listen-Prädikate
31. UMWAND.PRO	Umwandlung einer Dezimalzahl in ein anderes Zahlensystem
32. ROEMISCH.PRO	Umwandlung einer Dezimalzahl in das römische Zahlensystem
33. PERMUT.PRO	Erzeugung aller Permutationen einer Liste (2 rekursive Verfahren)
34. KOMPLEX.PRO	Rechnen mit komplexen Zahlen, Beispiel für selbstdefinierte Struktur
35. VEKTOR.PRO	Rechnen mit Vektoren im R3
36. CRAMER.PRO	Lösung eines linearen Gleichungssystems mit drei Unbekannten nach der Cramerschen Regel

56. ATOMKERN.PRO   Lexikon aller chemischen Elemente und
    ELEMENT.DBA   stabilen Atomkerne; Expertensystem, zur
    ATOMKERN.DBA   Bestimmung des radioaktiven Zerfalls

57. EXPERT.PRO   Expertensystem zur Bestimmung aller
                        Edelsteine

58. BENCHMK1.PRO   Benchmark-Programm 1: einfach rekursive
                        Folge

59. BENCHMK2.PRO   Benchmark-Programm 2: Inversion einer
                        Liste

60. BIOS.PRO   Beispiel für den Zugriff auf das BIOS

1 Programmieren in Turbo-Prolog

1.1 Fakten, Regeln, Anfragen

Da Prolog-Programme im Gegensatz zu den imperativen Programmiersprachen wie Pascal, BASIC und Fortran keine Kontrollstrukturen zum
Programmablauf enthalten, bestehen sie im wesentlichen aus einer Wissensbasis. Diese wiederum läßt sich in Fakten und Regeln zerlegen. Ein
Faktum hat die Form

```
faktum(argument1,argument2,...)
```

und stellt eine mehrstellige Relation im mathematischen Sinne dar. Ein
Faktum ist eine innerhalb der Wissensbasis beweisbare Tatsache.

Die zweistellige Relation *Adam liebt Eva* schreibt man als

```
liebt(adam,eva)
```

das Gegenteil von wahr ist falsch als

```
nicht(wahr,falsch)
```

Diana und Charles sind verheiratet als

```
verheiratet(diana,charles)
```

Paris ist die Hauptstadt von Frankreich als

```
hauptstadt(paris,frankreich)
```

Es gibt natürlich auch einstellige Relationen wie

```
saeugetier(wal).
```

oder

```
fussball_weltmeister(argentinien).
```

Mehrstellige Relationen sind

```
wochentag(1,1,2000,samstag).

buch(roman,der_Name_der_Rose,umberto_Ecco).
```

oder

```
film(20th_Century_Fox,george_Lucas,krieg_der_Sterne,mark_Hamill).
```

Wichtig ist, daß hier wie in den meisten Prolog-Implementierungen die
Fakten und Konstanten klein-, Variablen jedoch großgeschrieben werden.
Variablen treten insbesondere bei Aussageformen, Regeln und Anfragen
auf. Sind die Fakten

```
saeugetier(wal).
saeugetier(katze).
saeugetier(tiger).
saeugetier(hund).
saeugetier(maus).
```

bekannt, so antwortet der Rechner auf die Anfrage

```
saeugetier(X)
```

mit

```
X = wal
X = katze
X = tiger
X = hund
X = maus
```

Bei mehrstelligen Fakten kann natürlich an beliebiger Stelle gesucht werden. Bei der Wissensbasis

```
land(frankreich,paris).
land(italien,rom).
land(bundesrepublik,bonn).
land(schweiz,bern).
land(oesterreich,wien).
```

liefert die Anfrage

```
land(X,_)
```

die Lösungen

```
X = frankreich
X = italien
X = bundesrepublik
X = schweiz
X = oesterreich
```

Entsprechend gibt die Anfrage

```
land(_,Y)
```

die Lösungen

```
Y = paris
Y = rom
Y = bonn
Y = bern
Y = wien.
```

Der tiefgestellte Strich "_" stellt hier eine beliebige Variable, *anonyme Variable* genannt, dar. Fakten enthalten keine Variablen. Ist eine Variable enthalten, so spricht man von einem *Prädikat.*

Das folgende Prädikat formuliert eine Regel

```
grossvater(Y,X):-
  vater(Y,Z),
  vater(Z,X).
```

Dies bedeutet umgangssprachlich: *X* ist Großvater von *Y*, wenn *Z* der Vater von *Y* und *X* Vater von *Z* ist. Das Prädikat *grossvater(X,Y)* für die Personen *X* und *Y* ist natürlich nur beweisbar, wenn die beiden Fakten *vater(Y,Z)* und *vater(Z,X)* vorliegen. Das Prädikat

```
teilbar_durch_6(X):-
  ist_gerade(X),
  teilbar_durch_3(X).
```

bedeutet, daß eine Zahl durch 6 teilbar ist, wenn sie die Teiler 2 und 3 hat. Die Bedingungen *ist_gerade* und *teilbar durch 3* sind hier durch ein logisches *und* verknüpft. Logische *oder*-Verknüpfungen werden durch ein Semikolon gekennzeichnet:

```
menschenaffe(X):-
  schimpanse(X);
  orang_utan(X);
  gorilla(X).
```

Werden in einer Regel die Prädikate mit logischen *und* und *oder* verknüpft, so wird die Erfüllung der Prädikate gemäß den Regeln der Aussagenlogik bewertet (vgl. Abschnitt 1.8). Einfacher ist es dann meist, die Regel in einzelne Prädikate wie

```
menschenaffe(X) :- schimpanse(X).
menschenaffe(X) :- orang_utan(X).
menschenaffe(X) :- gorilla(X).
```

aufzuspalten.

Neben den logischen Verknüpfungen *und* und *oder* ist auch die Verneinung zugelassen.

```
primzahl(X):-
  not(hat_echte_Teiler(X)).
```

Dies heißt: *X* ist eine Primzahl, wenn *X* keine echten Teiler - außer 1 und sich selbst - hat. Zu beachten ist, daß hier *X* in Turbo-Prolog eine gebundene Variable sein muß. Dies wird im Abschnitt 1.7 näher erläutert. Daher empfiehlt es sich, eine verneinte Bedingung nach Möglichkeit positiv zu formulieren.

Die Prädikate einer Regel müssen nicht in sich abgeschlossen sein. Jede Regel kann durchaus eine andere Regel aufrufen; ganz im Sinne der strukturierten Programmierung wird man eine komplexe Regel wieder in kleine, überschaubare Abschnitte zerlegen. Eine Regel kann aber auch sich selbst wieder aufrufen; ein solches Vorgehen nennt man rekursiv (vgl.Abschnitt 1.9).

1.2 Programmaufbau

Ein Turbo-Prolog-Programm besteht prinzipiell aus folgenden Teilen:

Compiler-Direktiven

DOMAINS	Datentyp-Anweisungen
DATABASE	Datentyp der Datenbank
PREDICATES	Liste der Klauseln mit den verwendeten Datentypen
GOAL	Zielklausel
CLAUSES	Liste aller Klauseln, d.h. Fakten und Prädikate

dabei sind die Teile Compiler-Direktiven, DOMAINS, DATABASE und GOAL optional, d.h. sie werden nur bei Bedarf benötigt.

Es gibt 10 mögliche Compiler-Anweisungen:

check_cmpio

check_determ

code = ... (Anzahl der Paragraphen zu je 16 Byte)

diagnostics

include "....." (Programm-Name)

nobreak

nowarnings

shorttrace

trace

trail = ... (Anzahl der Bytes)

Durch die *code*- bzw. *trail*-Anweisung kann der Speicherplatz für die Programmausführung bzw. Variablenbindungen erhöht werden. Da der verfügbare Speicherplatz für *Stack*, *Heap* und *Trail*-Bereich beschränkt ist, kann ein Anteil nur auf Kosten der anderen erhöht werden. *Stack* ist derjenige Speicherbereich, in dem der Rechner bei rekursiven Funktionsaufrufen die jeweiligen Parameterwerte *stapelt*. Im *Heap* werden zusammengesetzte Objekte, Strings und Prädikate von Datenbanken verfügbar gehalten. Das Prädikat

```
storage(Stack,Heap,Trail)
```

liefert die zur Laufzeit des Programms verfügbaren Speicherplatzanteile.

check-cmpio prüft bei zusammengesetzten Objekten, ob das Fließmuster (*flowpattern*) richtig gesetzt ist. Das Fließmuster eines Prädikats gibt an, welche Variable bei Aufruf einer Klausel gebunden bzw. frei sein muß.

Mit den Prädikaten

```
free(X)
```

bzw.

```
bound(X)
```

kann geprüft werden, ob eine bestimmte Variable X noch frei bzw. gebunden ist. Einfügen von *free(X)* läßt ein Prädikat nur gelingen, wenn X tatsächlich noch nicht instantiiert ist.

check_determ prüft das Programm auf nichtdeterministische Klauseln, d.h. Klauseln, die mehr als einen Wert zurückgeben. In Turbo-Prolog Version 1.1 ist es durch Voranstellen von *non-derm* bzw. *determ* möglich, bei der entsprechenden PREDICATES-Anweisung Compilerwarnungen abzufangen. Mit dieser Compiler-Anweisung kann man auch Hinweise zum Setzen eines *Cuts* erhalten. *Diagnostics* veranlaßt die Ausgabe der Compiler-Diagnose. Sie zählt alle verwendeten Prädikate auf, gibt an, ob alle Klauseln eines Prädikats Fakten sind und bestimmt alle deterministischen Klauseln. Ein Beispiel einer Compiler-Diagnose findet sich im folgenden. Mit Hilfe der *include*-Anweisung kann ein Programmteil, der in mehreren Programmen Anwendung findet, im aktuellen Programm integriert werden.

Nobreak beendet die Anfrage des Systems an den Tastaturpuffer, ob die Tastenkombination *Control-Break* betätigt wurde. *Nowarnings* bewirkt laut Handbuch, daß die zahlreichen Compilerwarnungen im Fall von freien oder nur einmal verwendeten Variablen oder bei nichtdeterminierten Prädikaten unterdrückt werden. Dies ist jedoch nicht immer der Fall. Mit *shorttrace ...on/off* bzw. *trace* wird ein Programm bzw. -teil im TRACE-Modus, d.h. in Einzelschritten, abgearbeitet. Dies ist bei der Fehlersuche sehr nützlich.

Der Aufbau eines Turbo-Prolog-Programms unterscheidet sich damit wesentlich von Standard-Prolog. Da Turbo-Prolog eine datentyp-gebundene Parameterübergabe (ähnlich wie in Turbo-Pascal) eingebaut hat, muß der Datentyp von zusammengesetzten Objekten (z.B. von Listen) definiert

werden. Dies geschieht mittels der DOMAINS-Anweisung. Ebenso müssen
alle Parameter spezifiziert werden, die als Argument einer Klausel (d.h.
Faktum oder Regel) auftreten. Standard-Datentypen müssen nicht definiert werden. Diese sind

integer	(Ganzzahlen)	-32768,...,32767
real	(Reelle Zahlen)	1.0e-307,...,1.0e+308
char	(Zeichen)	'a','b',...,'&','\'
string	(Zeichenketten)	z.B."ABCD",...,"Name"
symbol	(Zeichenkette oder Konstante)	z.B. "Zebra", kaffee_trinker

Obwohl jede Zeichenkette als Symbol aufgefaßt werden kann, werden
Zeichenketten und Symbole maschinenintern unterschieden. Symbole
werden für einen schnellen Zugriff in einer speziellen Symboltabelle
(*look-up-table*) gespeichert.

Listen eines Datentyps werden durch einen angehängten Stern gekennzeichnet:

```
liste = integer*
liste = symbol*
```

Zusammengesetzte Datenstrukturen werden in der Form

```
struktur(Typ1,Typ2,...)
```

erklärt, dabei sind *Typ1*, *Typ2* entweder Standardtypen oder Typen, die
an anderer Stelle der DOMAINS-Anweisung definiert werden. Beispiele
dafür sind

```
autor,titel,verlag = string
erschein_jahr = integer
buch = band(autor,titel,verlag,erschein_jahr)
tag,monat,jahr = integer
vorname,nachname = string
geburtstag = datum(tag,monat,jahr)
familienname = name(vorname,nachname)
person = person(familienname,geburtstag)
punkt  = punkt(x,y)
dreieck = d(punkt,punkt,punkt)
```

wobei Datenstrukturen wiederum aus Strukturen zusammengesetzt werden
können. Dies entspricht der Definition eines RECORDS in Pascal, der
seinerseits wieder RECORDS enthalten kann.

```
   Run      Compile    Edit     Options    Files     Setup     Quit

 ──────────────────────────── Diagnostics ────────────────────────────
 length        NOT USED         liste,integer
 append        NO    YES     98 liste,liste,liste -- i,i,o
 last          NOT USED         element,liste
 first         NOT USED         element,liste
 next          NOT USED         element,element,liste
 reverse       NOT USED         liste,liste
 delete        NOT USED         element,liste,liste
 delete2       NO    YES    141 element,liste,liste -- i,i,o
 substitute    NOT USED         element,liste,element,liste
 join          NOT USED         element,liste,liste
 prefix        NOT USED         liste,liste
 max           NOT USED         liste,element
 min           NOT USED         liste,element
 is_set        NOT USED         liste
 purge         NO    NO     198 liste,liste -- i,o
 ─────────────────────────────────────────────────────────────────────
 Total size                 564

 Press the SPACE bar

 F8:Previous line  F9:Edit  S-F9:View windows  S-F10:Resize window  Esc:Stop exec
```

Bild 1.1 Compiler-Diagnose zum Programm LISTE.PRO

Auch rekursive Datentypen-Vereinbarungen sind möglich. Enthält ein
Term Summen von Termen, so läßt sich schreiben:

```
term = plus(term,term)
```

Umfaßt eine Struktur mehrere Datentypen, so werden diese, durch
Semikola getrennt, einzeln aufgeführt:

```
rotationskoerper = kugel(radius);
  zylinder(radius,hoehe);
  kegel(radius,hoehe)
```

Diese Regelung gilt auch für die Listen, die Elemente verschiedenen Datentyps enthalten. Die Deklaration

```
element = c(char) ; i(integer)
liste = element*
```

erlaubt die Darstellung von Listen, die ganze Zahlen und Zeichen enthalten. Jedes Listenelement muß daher in den Klammern von *c( )* bzw. *i( )* erscheinen. Die Liste *[123,X,45,D]* muß geschrieben werden als

```
[i(123),c('X'),i(45),c('D')].
```

Da Listen wieder Listen enthalten (vgl. 1.4), läßt sich eine Liste aus Ganzzahlen auch rekursiv definieren

```
liste = list(integer,liste) ; empty
```

Standard-Prolog kennt diese aufwendige Typendeklaration nicht; es läßt beliebige Listenbildung aus Atomen (Zahlen, Zeichen und Konstanten) zu.

Im folgenden PREDICATES-Abschnitt müssen alle Klauseln mit den zugehörigen Datentypen aufgeführt werden. Bei Listenverarbeitung könnte stehen:

```
predicates
  max(liste,element)
  min(liste,element)
  reverse(liste,liste)
  ist_element(element,liste)
  append(liste,liste,liste)
```

Wird eine Datenbank zur Laufzeit im Kernspeicher gehalten, so müssen mittels der DATABASE-Anweisung die benutzten Klauseln mit zugehörigem Datentyp definiert werden, z.B.

```
person(name,geburtstag,adresse,telefon)
```

oder

```
auto(marke,ps_zahl,hubraum,zulassung,vollkasko).
```

(vgl. Abschnitt 1.11). Im GOAL-Teil des Programms wird das Beweisziel angeführt, das vom Programm selbständig ausgeführt werden soll. Dies kann

> die Erstellung einer Graphik;

> die Auswertung einer Datei;

> das Öffnen eines Fensters.

oder ähnliches sein, dabei müssen natürlich alle benötigten Parameterwerte mitgegeben werden.

Das eigentliche Programm im Sinne von Standard-Prolog ist im Abschnitt CLAUSES enthalten. Er enthält alle Fakten und die zugehörigen Regeln des jeweiligen Programms.

1.3 Arithmetik und Standardfunktionen

Während in Standard-Prolog meist nur eine Ganzzahlarithmetik implementiert ist, enthält Turbo-Prolog eine Fließpunktarithmetik, die neben dem Rechnen mit reellen Zahlen auch alle wichtigen Standardfunktionen wie Wurzel-, trigonometrische und Exponentialfunktionen erfaßt.

Arithmetische Ausdrücke werden in Turbo-Prolog mit Gleichheitszeichen geschrieben, die Rechenoperationen werden mit den bekannten Standardzeichen

```
+ - * /
```

dargestellt. Der arithmetische Ausdruck

```
A = (3+5) * 4 - 7
```

ist für *A = 25* wahr. Man beachte, daß in Prolog ein Ausdruck wie dieser keine Wertzuweisung im Sinne von BASIC oder Pascal darstellt. Hat *A* bereits einen Wert, so wird das Prädikat, das diesen Ausdruck enthält, mißlingen. Ist *A* noch frei, so wird es von Prolog in dem Bestreben, das Prädikat zu erfüllen, unter dem entsprechenden Wert instantiiert. Dieser Wert kann u.U. wieder verworfen werden, falls im Zuge eines Backtracking *A* mit einem neuen Wert instantiiert werden muß.

Wie in Pascal wird zwischen der ganzzahligen und der reellen Division unterschieden. Es gilt

```
A = 7/2   =>  A = 3.5
```

falls das Ergebnis vom Typ *real* ist; bei Ganzzahlen jedoch

```
A = 7/2   =>  A= 3
```

Es findet hier eine automatische Typenanpassung statt. In letzterem Fall wird man jedoch besser schreiben:

```
A = 7 div 2.
```

Als weitere Ganzzahloperation ist die Restbildung bei der Division implementiert. Es gilt

```
3 = 117 mod 6
```

da *117* bei der ganzzahligen Division durch *6* den Rest *3* läßt bzw.

```
0 = 4711 mod 7
```

da 4711 den Teiler 7 hat.

Die Priorität der Rechenoperatoren ist in der folgenden Tabelle in absteigender Reihenfolge gegeben:

-,+	Vorzeichen
mod, div	ganzzahlige Division
*,/	Multiplikation, Division
+,-	Addition, Subtraktion

Eine davon abweichende Reihenfolge wird durch Klammerung erzwungen.

Auch arithmetische Vergleichsoperatoren haben die übliche mathematische Form

```
= < <= > >=
```

Z.B. ist das Prädikat

```
X - 4 <= Y +3
```

erfüllt, wenn gilt

$$X <= Y + 7.$$

Die Variablen X und Y müssen hier bereits instantiiert sein. Bei der Gleichheit von reellen Zahlen muß beachtet werden, daß reelle Zahlen im Rechner nur mit beschränkter Genauigkeit dargestellt werden. Jede Maschinenzahl stellt genaugenommen ein Intervall von reellen Zahlen dar. Zwei reelle Zahlen sind daher bei gegebener Genauigkeit als gleich zu betrachten, wenn sie dasselbe Intervall darstellen. Sinnvoll ist es somit, bei fünfstelliger Genauigkeit zwei reelle Zahlen mit folgendem Prädikat auf Gleichheit zu prüfen

```
gleich(X,Y):- X/Y < 1.00001,
     X/Y > 0.99999.
```

Der Fall $Y=0$ muß hier natürlich ausgeschlossen werden.

Diese Vergleichsoperatoren sind auch für Zeichen und Zeichenketten definiert.

```
'A' < 'B'
```

gelingt, wenn das Zeichen A im ASCII-Code vor B steht. Zeichenketten werden zeichenweise verglichen. So gilt z.B.:

```
"Anton" < "Antonia"
```

Folgende reelle Funktionen sind in Turbo-Prolog vordefiniert:

abs(X)	Absolutwert von X
cos(X)	Cosinusfunktion
sin(X)	Sinusfunktion
tan(X)	Tangensfunktion
arctan(X)	Umkehrfunktion des Tangens
exp(X)	Exponentialfunktion
ln(X)	natürlicher Logarithmus
log(X)	Logarithmus zur Basis 10
sqrt(X)	Wurzelfunktion

Dabei muß das Argument der trigonometrischen Funktionen im Bogenmaß erscheinen. Nicht dokumentiert im Handbuch zu Turbo-Prolog Version 1.0 sind die beiden Prädikate

round(X)	Rundung auf die nächste Ganzzahl
random(X)	Zufallszahl im Intervall [0,1]

Weitere Funktionen müssen selbst definiert werden. Die fehlende Potenzierungsfunktion *x hoch y* kann für *x>0* dargestellt werden durch

```
potenz(X,Y) = exp(Y*ln(X)).
```

Da hier *Y* eine gebrochene Zahl sein kann, stellt *potenz(X,Y)* auch eine beliebige Wurzelfunktion dar. Die dritte Wurzel wird z.B. bestimmt durch

```
potenz(X,0.33333333).
```

Der Logarithmus zur Basis 2 kann bestimmt werden durch

```
ld(X) = ln(X)/ln(2)
```

oder die Umkehrfunktion zum Sinus mittels

```
arcsin(X) = arctan(X/sqrt(1-X*X))  für -1 < X < 1.
```

Soll *Z* an den Funktionswert des *arcsin(X)* gebunden werden, so kann dies mit folgendem Prädikat geschehen

```
arcsin(X,Z) :- X = 1, Z = 1.5707963.
arcsin(X,Z) :- X = -1, Z = -1.5707963.
arcsin(X,Z) :- abs(X) < 1,
   Z = arctan(X/sqrt(1-X*X).
```

arcsin muß wie andere Prädikate entsprechend deklariert werden

```
arcsin(real,real).
```

Die Umrechnung von *Grad Celsius* in *Fahrenheit* und umgekehrt erlauben
die Prädikate

```
f_to_C(F,C):- C = 5.0/9.0*(F-32.0).
c_to_f(C,F):- F = 1.8*C+32.0.
```

Mit dem Prädikat *random(X)* können beliebige Zufallsprozesse simuliert
werden, z.B., Würfelzahlen mittels

```
wurf(X):- random(Y),
X = round(6*Y+0.5).
```

Entsprechend liefert

```
lotto(X):- random(Y),
  X = round(49*Y+0.5).
```

eine Lottozahl zwischen *1* und *49*. Zwei Beispiele, *wuerfel.pro* und *lotto-
.pro*, finden sich dazu im Programmteil des Buches.

1.4 Listen

Eine Liste ist eine Aneinanderreihung von beliebigen Objekten zu einem
Ganzen. Listen stellen eine grundlegende Datenstruktur dar, die Prolog
mit den Programmiersprachen Lisp und Logo gemeinsam hat. Listen sind
im Gegensatz zu Feldern in anderen Programmiersprachen dynamische
Strukturen; d.h., beim Anlegen einer Liste ist im allgemeinen noch nicht
bekannt, wieviele Elemente die Liste umfassen wird. Sie stellen daher ein
besonders flexibles Hilfsmittel zur Programmierung dar. Mit Hilfe von
Listen können auch höhere Datentypen wie Binärbäume und Graphen
realisiert werden. Listen sind allgemeiner als die in der Mathematik verwendeten Mengen, da sich in Listen Elemente beliebig wiederholen dürfen.

Listen werden in Prolog in eckige Klammern eingeschlossen, die Elemente
sind dabei durch Kommata getrennt. Beispiele sind

```
[1,2,3,4,5,6]
['A','E','I','O','U']
```

oder

```
[meier,franz,münchen,457613].
```

Die Elemente der Listen sind hier ganze Zahlen, Buchstaben oder Symbole und müssen in Turbo-Prolog gemäß dem Datentyp mittels der DO-
MAINS-Anweisung entsprechend definiert werden, z.B. als

```
liste = integer*
```

oder

```
     liste = char*
```

bzw.

```
     liste = symbol*.
```

Enthält eine Liste Elemente verschiedenen Datentyps, so müssen die Elemente als zusammengesetzte Typen erklärt werden. Die Definition

```
     element = c(char) ; i(integer)
     liste = element*
```

(beachten Sie das Semikolon, es stellt ein *oder* dar) erlaubt die Darstellung der Liste *[123,'X',45,'D']* in der Form

```
     [i(123),c('X'),i(45),c('D')]
```

(vgl. Abschnitt 1.2). Da Listen wiederum Listen als Teile enthalten können, tragen Listen in natürlicher Weise eine rekursive Struktur. Eine Liste ist entweder leer (in Zeichen: []), oder sie besteht aus ihrem ersten Element und der Restliste. Diese Zerlegung wird in Prolog durch das Zeichen | (ASCII-Zeichen 124) dargestellt. Bei

```
     [X|Y]
```

stellt *X* das erste Element, *Y* die Restliste dar. Diese Listenzerlegung ist auch aus anderen Programmiersprachen bekannt. In Logo liefern die Befehle ERSTES (FIRST) den Listenkopf, OHNE ERSTES (BUTFIRST) die Restliste. In Lisp heißen die entsprechenden Anweisungen CAR bzw. CDR. Wendet man diese Listenzerlegung jeweils wieder auf die Restliste an, so kann diese schrittweise solange verkleinert werden, bis die verbleibende Restliste leer ist. Auf diese Weise kann die ganze Liste durchgemustert werden.

Dieses rekursive Zerlegen einer Liste läßt sich ganz einfach programmieren.

Ein Element ist Teil einer Liste, wenn es der Listenkopf oder Teil der Restliste ist. Dies führt zu dem Prädikat

```
     member(X,[X]).
     member(X,[_|Y]):- member(X,Y).
```

Das Schreiben einer Liste von Ganzzahlen geschieht einfach mittels

```
     writelist([]).
     writelist([X|Y]):-
       write(X),writelist(Y).
```

Die Programmieridee ist so einfach, daß Programmieranfänger manchmal
nur schwer einsehen, daß das Prädikat tatsächlich das Gewünschte leistet.
Auf ähnlich einfache Art läßt sich das letzte Element bzw. Maximum einer nichtleeren Liste bestimmen

```
last(X,[X]).
last(X,[_,Y]):- last(X,Y).

max(M,[X]):- M=X.
max(M,[X,Y|Z]):-
  X <= Y, max(M,[Y|Z]).
max(M,[X,Y|Z]):-
  X > Y, max(M,[X|Z]).
```

Dieses rekursive Abarbeiten einer Liste stellt in Prolog einen grundlegenden Algorithmus dar, da es in Prolog keine Schleifenanweisung gibt. Da
sich sehr viele Datenobjekte wie Mengen, Vektoren, Polynome usw. als
Listen darstellen lassen, ergibt sich hier eine generelle Vorgehensweise.

Das Skalarprodukt S zweier Vektoren A,B läßt sich wie folgt implemen-
tieren:

```
skalarprod([A],[B],S):- S=A*B.
skalarprod([A1|A2],[B1|B2],S):-
  skalarprod(A2,B2,T),
  S = T +A1*B1.
```

Die Berechnung des Funktionswerts F eines Polynoms P an der Stelle X
ergibt sich damit nach dem Hornerschema zu

```
horner([P],X,F):- F=P.
horner([P1,P2|P3],X,F):-
  W = P1*X+P2,
  horner([W|P3],X,F).
```

Auch Mengenoperationen wie z.B. die Vereinigung C zweier Mengen A
und B lassen sich wie folgt vollziehen:

```
union([],B,B).
union([A1|A2],B,C):-
  member(A1,B),!,union(A2,B,C).
union([A1|A2],B,[A1|C2]):-
  union(A2,B,C2).
```

Dieses Prädikat läßt sich leicht erklären: Zunächst ist die Vereinigung der
leeren Menge mit der Menge B natürlich die Menge B. Ist das Element $A1$
von $[A1|A2]$ Element von B, so bestimmt sich die Vereinigung aus $A2$
und B. Der dritte Teil des Prädikats besagt, daß, wenn Element $A1$ von

[A1|A2] in der Vereinigungsmenge *[A1|C2]* von *[A1|A2]* und *B* enthalten ist, die Vereinigung von *A2* mit *B* dann *C2* ergeben muß.

An den letzten Beispielen kann man sehen, daß das rekursive Abarbeiten eine beliebige Listenmanipulation erlaubt. Ein besonders erwünschter Effekt ist, daß die Länge der Liste nicht in den Algorithmus eingeht und daher beliebig verändert werden kann.

1.5 Ein-/Ausgabe

Das Standardprädikat zur Ausgabe der Standardtypen wie Ganzzahlen (*integer*), Reelle Zahlen *(real)*, Zeichen *(characters)* und Zeichenketten *(strings* bzw. *symbols)* ist

```
write(Argument1,Argument2,... ).
```

Zur formatierten Ausgabe kann das Prädikat

```
writef(Formatstring,Argument1,Argument2,..)
```

verwendet werden. writef() entspricht der Anweisung *printf* der Programmiersprache C. Der Formatstring hat wie in C die Form

```
%-a.b
```

wobei die Zeichen - und *.b* optional sind. Das Minuszeichen bewirkt eine linksbündige Ausgabe; fehlt es, so erfolgt die Ausgabe rechtsbündig. Die Zahl *a* ergibt die Stellenzahl (einschließlich Nachkommastellen) der Ausgabe an. Die Zeichenkette *.b* enthält eine Zahl entsprechend der gewünschten Nachkommastellen oder zusätzlich noch eines der Zeichen *f*, *e*, *g*. Dabei bedeutet

f	Fixpunktdarstellung
e	Exponential- d.h. Gleitpunktdarstellung
g	kürzere Ausgabe resultierend aus *f* bzw. *e*

Write und *writef* können auch die aus *C* bekannten Steuerzeichen wie

\t	Tabulator
\n	Neue Zeile - d.h. Zeilenvorschub
\b	Backspace - d.h. ein Zeichen zurück

enthalten. Ein Zeilenvorschub wird auch durch das stets wahre Prädikat *nl* erzwungen.

Hat die Variable X den Wert *123.456789*, so liefern die Prädikate

```
writef("Ergebnis = %-10.5f\n",X)
writef("Ergebnis = %10.5f\n",X)
writef("Ergebnis = %10.5e\n",X)
writef("Ergebnis = %10.5g\n",X)
```

folgende formatierte Ausgaben:

```
Ergebnis = 123.45679
Ergebnis =    123.45679
Ergebnis = 1.23457E+02
Ergebnis =    123.45700
```

jeweils mit Zeilenvorschub.

Während *write* unabhängig vom Datentyp ist, ist die Eingabeanweisung typenabhängig. Sie lautet

```
readln(String)
readint(Int)
readreal(Real)
readchar(Char)
```

je nachdem, ob ein *String* bzw. *Symbol*, eine *Ganzzahl*, eine *reelle Zahl* oder ein *Zeichen* eingelesen werden soll. Bei *readln* darf das *Symbol* 150 Zeichen, der *String* Zeichen im Umfang von höchstens 64 Kbyte enthalten. Jede Eingabe außer *readchar* muß mit dem Drücken der Return-Taste abgeschlossen werden.

Ähnlich wie *readchar* wirkt auch das Prädikat *inkey(Char)*; es liest ein einzelnes Zeichen von der Eingabeeinheit; dies wird meist der Tastaturpuffer sein. Die Return-Taste braucht nicht betätigt zu werden.

Will man die Eingabeanweisung eines anderen Datentyps verwenden, so muß der Datentyp nach erfolgter Eingabe geändert werden. Dafür stehen folgende vordefinierte Prädikate zur Verfügung

```
char_int(Char,Int)
str_char(String,Char)
str_int(String,Int)
str_real(String,Real).
```

So liefert zum Beispiel

```
char_int(X,65)      X = A, da ASCII(65)="A"
str_char(X,'A')     X = "A"
str_int(X,65)       X = "65"
str_real(X,3.1415)  X = 3.1415.
```

Turbo-Prolog unterscheidet streng zwischen *'A'* und *"A"*; während ersteres
ein Zeichen ist, stellt das zweite eine 1-elementige Zeichenkette dar. Diese Unterscheidung erscheint etwas künstlich, ist aber durch das verschiedene Format, in dem Turbo-Prolog die Daten speichert, bedingt.

Ähnlich wie in BASIC kann hier jeder Datentyp in eine Zeichenkette
umgewandelt werden. Mit den Zeichenketten-Prädikaten

```
concat(String1,String2,String3)
frontstr(Number,String,Frontstring,RestString)
fronttoken(String,Token,RestString)
frontchar(String,Char,RestString)
```

können dann beliebige Umformungen durchgeführt werden. Somit könnte
man letztlich jede Listenverarbeitung auf eine Zeichenmanipulation zu-
rückführen, was aber nicht im Sinne des Standard-Prologs ist. Dort wird
nämlich nicht zwischen Liste und Zeichenkette unterschieden, jede Zeichenkette ist einfach Liste ihrer Zeichen. Turbo-Prolog läßt diese einfach
erscheinende Lösung auf Grund seiner Typenvereinbarung nicht zu.

Beispiele für die genannten Zeichenketten-Prädikate sind

```
concat("3.","1415",X)         X = "3.1415"
frontstr(3,"3.1415",X,Y)      X = "3.1" ,Y = "415"
fronttoken("3.1415",X,Y)      X = "3.1415" , Y = " "
fronttoken("-3.1415",X,Y)     X = "-" ,Y = "3.1415"
frontchar("3.1415",X,Y)       X = "3" ,Y = ".1415".
```

concat verbindet somit zwei Zeichenketten zu einer dritten, *frontstr*
schneidet am Anfang einer Zeichenkette eine vorgegebene Zahl von Zeichen ab, *fronttoken* zerlegt eine Zeichenkette an einem Trennungszeichen,
während *frontchar* stets das erste Zeichen des Strings liefert. Das Prädikat

```
isname(string)
```

gelingt, wenn *string* ein im Turbo-Prolog gültiger Name ist.

Soll die Ausgabe eines Programms nicht im Dialog-Fenster erfolgen, so
läßt sich in Turbo-Prolog ein Bildschirmfenster, meist *Window* genannt
eröffnen. Das Prädikat lautet

```
makewindow(Nr.,Farbattr.,Rahmenattr.,Windowname,X,Y,Höhe,Breite)
```

dabei ist

Nr. die laufende Nummer des Fensters;

Farbattr. die Summe aus Hinter- und Vordergrundfarbnummer für
den Windowtext;

Rahmenattr. die Summe aus Hinter- und Vordergrund-Farbnummer
für den Rahmen, vermehrt um 128 für blinkende Anzeige;

Windowname ein (optionaler) String des Fensters;

X,Y Zeilen-/Spaltennummer der linken, oberen Ecke;

Höhe, Breite eine Angabe über die Ausmaße des Windows.

Die Numerierung der Vordergrundfarbe stimmt mit der im Graphik-Abschnitt 1.6 gegebenen überein. Die Kodierung einiger Hintergrundfarben ist

schwarz	0
grau	8
blau	16
grün	32
türkis	48
rot	64
lila	80
rosa	88
braun	96
weiß	112
intensiv weiß	120

Die Attributnummern berechnen sich aus der Summe von Vorder- und Hintergrundfarbe, vermehrt um 128, falls eine blinkende Anzeige gewünscht wird.

Sind mehrere Fenster definiert, so kann ein Fenster mit dem Befehl

```
shiftwindow(nr)
```

aktiviert werden. Die Nummer dieses Fensters muß definiert sein, da es sonst zu einem Laufzeitfehler kommt. Die Fenster dürfen sich auch überlappen. Die Attribute des aktiven Fensters können mit dem Prädikat

```
window_attr(Attr)
```

geändert werden. Die Position des Cursors innerhalb eines Fensters kann mit

```
cursor(Reihe,Spalte)
```

gesetzt werden; Reihe und Spalte müssen gebunden sein und mögliche Positionen innerhalb des Fensters angeben.

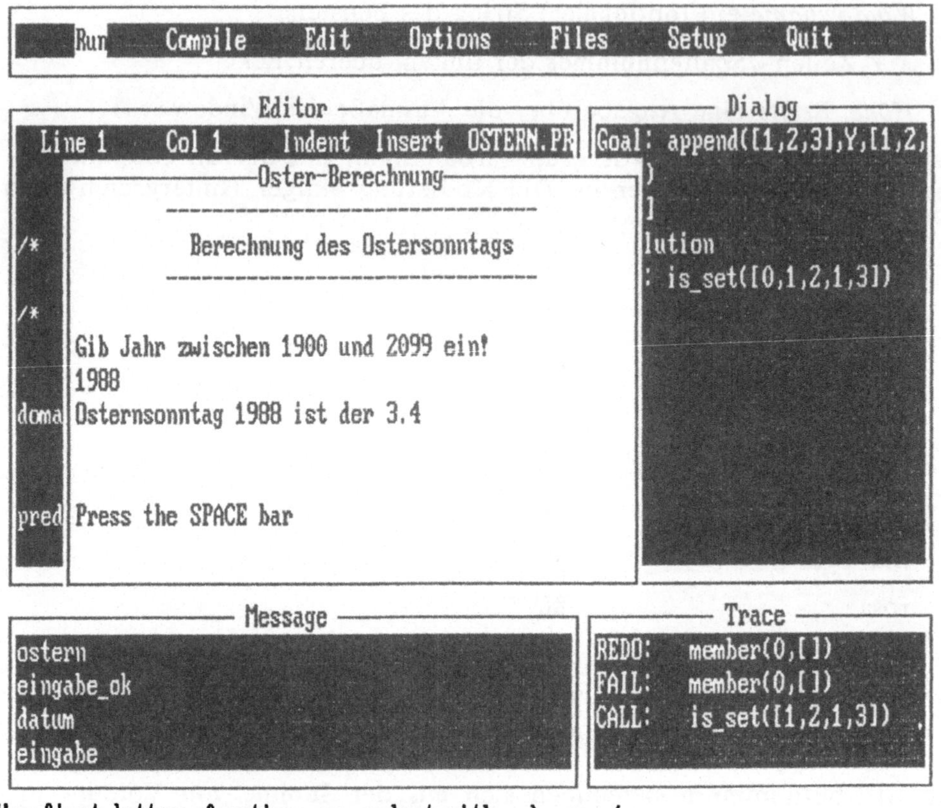

Bild 1.2 Beispiel eines Fensters (Programm ostern.pro)

Ein Fenster kann über den gesamten Bildschirm ausgedehnt werden. Das Zeichen Z wird mit

```
scr_char(Reihe,Spalte,Z)
```

in die entsprechende Reihe bzw. Spalte geschrieben. Ist Z eine freie Variable, so wird das entsprechende Zeichen vom Bildschirm gelesen. Das zugehörige Attribut wird durch

```
scr_attr(Reihe,Spalte,Attr)
```

gesetzt oder eingelesen. Für Zeichenketten existieren ebenfalls die entsprechenden Prädikate

```
field_str(Reihe,Zeile,Zeichenkette)
field_attr(Reihe,Spalte,Länge,Attr)
```

Reihe und *Spalte* gibt hier jeweils die Position des ersten Zeichens an.

1.6 Graphik

Turbo-Prolog ist wie UCSD-Pascal und Logo als rekursive Sprache hervorragend geeignet, rekursiv erzeugbare Figuren zu definieren. Dagegen
ist im Standard-Prolog keine Graphik implementiert.

Bekannte rekursive Figuren sind die *Schneeflocken-Kurve* von Koch, die
Drachenkurve und die Kurven von *Hilbert* und *Sierpinski* (siehe Bild 1.3).
Die Drachenkurve läßt sich durch folgenden Programmabschnitt erzeugen:

```
dragon(L,A,Sign) :-
   L > 250.0,
   R = sqrt(2.0),
   L1 = L / R,
   A1 = A+45*Sign,
   A2 = A-45*Sign,!,
   dragon(L1,A1,1),!,
   dragon(L1,A2,-1).
dragon(L,A,_) :-
   penpos(X,Y,_),
   penpos(X,Y,A),
   int_real(L1,L),
   forward(L1).
int_real(I,R):-
   R = I.
```

Einen Baum liefert die folgende Prozedur:

```
baum(_,_,0):- !.
baum(L,W,T):-
   left(W),
   L1=2*L,
   forward(L1),
   T1=T-1,
   baum(L,W,T1),
   back(L1),
   W1=2*W,
   right(W1),
   forward(L),
   baum(L,W,T1),
   back(L),
   left(W).
```

Der Graphikmodus wird mit dem Prädikat

```
graphics(Modus,Palette,Hintergrund)
```

eingeschaltet. Folgende Modi stehen zur Verfügung:

Modus	Auflösung	Farbenzahl	Graphikkarte
1	320x200	4	CGA (Color Graphics Adapter)
2	640x200	schwarz/weiß	CGA
3	320x200	16	EGA (Enhanced Graphics Adapter)
4	640x200	16	EGA
5	640x350	13	EGA

Dabei steht bei mittlerer Auflösung folgende Farbpalette zur Auswahl

Palette	Farbe 1	Farbe 2	Farbe 3
0	grün	rot	gelb
1	türkis	rosa	weiß

Die 16 möglichen Hintergrundfarben werden wie folgt codiert:

Farbcodierung

0	schwarz	8	grau
1	blau	9	hellblau
2	grün	10	hellgrün
3	türkis	11	helltürkis
4	rot	12	hellrot
5	rosa	13	hellrosa
6	braun	14	gelb
7	weiß	15	intensiv weiß

Bild 1.3 Beispiel rekursiver Kurven verschiedener Rekursionstiefen

Um vom gewählten Bildschirmmodus unabhängig zu sein, arbeitet Turbo-Prolog mit einem virtuellen Bildschirm vom Format 32000 x 32000 (NDC-Koordinatensystem mit dem Nullpunkt links unten), der gemäß der gewählten Auflösung umgerechnet wird. Im gewöhnlichen Graphikmodus heißt die Punktsetz-Routine

```
dot(X,Y,Farbe)
```

und die Zeichenroutine für Geraden

```
line(X1,Y1,X2,Y2,Farbe)
```

dabei sind *(X,Y)* bzw. *(X1,Y1),(X2,Y2)* die NDC-Koordinaten des Punktes bzw. der Geradenendpunkte.

Daneben ist in Turbo-Prolog auch die Turtlegraphik, wie sie insbesondere aus Logo bekannt ist, implementiert. Die Befehle der Turtlegraphik sind:

penup	schaltet den Zeichenstift ein
pendown	schaltet den Zeichenstift aus
pencolor(Farbe)	wählt die Farbe des Stifts
forward(X)	vorwärts um X Schritte
back(X)	rückwärts um X Schritte
right(Y)	dreht um Y Grad gegen Uhrzeigersinn
left(Y)	dreht um Y Grad im Uhrzeigersinn
penpos(X,Y,W)	setzt Zeichenstift auf Punkt (X,Y) in der Richtung W

Der letzte Befehl ist in Turbo-Prolog erst ab der Version 1.1 enthalten. Alle Winkel werden im Gradmaß, nicht im Bogenmaß, gemessen; die Bewegungsrichtung wird in NDC-Koordinaten gerechnet. Ein Quadrat der Seitenlänge X kann somit mittels

```
quadrat(X) :-
  forward(X),right(90),
  forward(X),right(90),
  forward(X),right(90),
  forward(X),right(90).
```

definiert werden.

Ein Kreis kann als Vieleck mit verschwindend kleiner Seitenlänge aufgefaßt werden:

```
circle:-
  forward(100),
  right(1),
  circle.
```

Die Turtlegraphik-Befehle gelten entsprechend auch in den Bildschirmfenstern, *Windows* genannt.

Weitere Graphik-Beispiele werden im Programmteil des Buches gegeben. Flächenfüllende Kurven sind neuerdings in das Interesse der Mathematiker gerückt. Im Abschnitt Rekursion 1.9 wird noch die Schneeflockenkurve besprochen. Früher galt die Schneeflockenkurve, deren Umfang bei zunehmender Eckenzahl über alle Grenzen wächst, während der Flächeninhalt beschränkt bleibt, als mathematische Kuriosität. Seit den Arbeiten über das Apfelmännchen von T. Mandelbrot weiß man, daß die Schneeflockenkurve nur ein Beispiel aus der Klasse der *fraktalen Kurven* ist.

1.7 Unifikation

Unifikation ist der Wertübergabemechanismus von Prolog. Prolog unterscheidet sich hier grundlegend von den *prozeduralen Programmiersprachen*; Unifikation ist daher der Schlüssel zum Verständnis von Prolog.

Bei der folgenden Darstellung gehen wir von Standardprolog aus. Zwei Zeichen oder Zahlen - wie auch in LISP Atome genannt - sind gleich, wenn sie übereinstimmen. Im Falle von

```
'a' = 'a' oder  6  = 6
```

gelingt das Gleichheitsprädikat, nicht jedoch bei

```
'e' = 'f' ;  6 = 7 oder 'u' = 10.
```

Tritt das Gleichheitsprädikat zwischen einer Variable und einem Atom auf, so muß unterschieden werden, ob die Variable bereits instantiiert wurde; d.h., ob sie schon einen Wert erhalten hat. Hat z.B. die Variable A schon den Wert 7, so gelingt das Prädikat

```
A = 7
```

andernfalls nicht. Ist A noch frei, d.h. noch nicht instantiiert, so wird nun A im Bestreben, das Prädikat zu erfüllen, mit dem Wert 7 belegt. Darin liegt der entscheidende Unterschied zu einer Wertzuweisung in BASIC, Pascal oder C. Es gibt keine linke und rechte Seite einer Wertzuweisung; die Instantiierung erfolgt in gleicher Weise wie beim Gleichheitsprädikat

```
7 = A.
```

Eine Wertzuweisung in prozeduralen Sprachen kann an jeder Stelle erfolgen. Eine Wertänderung einer gebundenen Variablen beim Aufruf eines Prädikats ist ausgeschlossen; die Instantiierung ist somit eine Schutzmaßnahme gegen das Beschreiben eines Variablenwertes. Letzteres kann nur beim Backtracking erfolgen.

Ähnlich verfährt Prolog beim Gleichheitsprädikat zwischen einer Variablen und einer Liste oder einer Struktur

```
A = [0,1,2,3]   oder A = datum(24,12,1987)
```

Ist A mit diesem *Listenwert* oder *Datumswert* instantiiert, so gelingt die Gleichheit, andernfalls nicht.

Etwas schwieriger ist das Gleichheitsprädikat zwischen zwei Listen oder Strukturen, die freie Variablen enthalten. Hier versucht Prolog, die beiden Listen oder Strukturen bzw. ihre Variablen so zu unifizieren, daß beide Objekte nach Struktur und Datentyp übereinstimmen. Folgende Tabelle zeigt für die Gleichheit (freie Variable vorausgesetzt)

```
liste =   [X|Y]
```

die Unifikation für die angegebenen Listen:

liste	X	Y
[0,1,2,3,4,5]	0	[1,2,3,4,5]
[0]	0	[]
[]	gelingt nicht	gelingt nicht
[[0,1],2,3,4]	[0,1]	[2,3,4]

Die nächste Tabelle zeigt die Unifikation der Gleichheit

```
datum1 = datum(13,M,1988)
```

für die angegebenen Daten (freie Variable vorausgesetzt):

datum1	T	M	J
datum(T,06,J)	13	6	1988
datum(12,05,1989)	gelingt nicht		gelingt nicht
datum(T,07,1988)	13	7	

Das Gleichheitsprädikat

```
buch (programming_in_prolog,A,1984,B] =
   buch(C,autor(clocksin,w_f),D,[berlin,heidelberg,new_york])
```

ruft bei freien Variablen folgende Unifikation hervor:

Variable	**Datentyp**	**Wert**
A	autor(name,vorname)	clocksin w_f
B	Menge	[berlin,heidelberg,new_york]
C	Zeichenkette	programming_in_prolog
D	Ganzzahl	1984

Wie man am letzten Beispiel besonders sieht, übergibt die Unifikation nicht nur Werte an Zahlen und Zeichen, sondern sorgt sogar für vollständige Typenanpassungen der Variablen. Die Unifikation ermöglicht im Standard-Prolog

> eine flexible Listenverarbeitung, da Prädikate für Listen mit beliebigen Elementen geschrieben werden können;

> einen intelligenten Mechanismus zur Anpassung und Parameterübergabe an frei wählbare Datenstrukturen;

> eine abstrakte Symbolverarbeitung, da die Unifikation beliebige Zeichenketten erfaßt.

In einem anderen Licht erscheint die Unifikation in Turbo-Prolog. Durch die Datentypdeklaration wird bereits beim Compilieren geprüft ob, die im Programm gegebenen Prädikate und Parameterübergaben typenverträglich sind. Der Vorteil dieses Verfahrens ist, daß eine ständige Fehlerquelle ausgeschaltet und dem Programmierer ein Teil der Verantwortung abgenommen wird, ein Nachteil, daß ein einmal gewählter Datentyp nicht mehr verlassen werden kann; eine Unifikation erfolgt nur noch innerhalb dieses Typs.

Ein weiterer wesentlicher Unterschied gegenüber Standard-Prolog ist die fehlende Möglichkeit einer Unifikation an eine Formel, die einen Operator enthält.

In Standard-Prolog ist es z.B. möglich, die Implikation folgendermaßen auf die Disjunktion zurückzuführen:

```
eval(A -> B):- eval(not A or B).
```

Dies ist in Turbo-Prolog nicht möglich, da eine solche Formel mit Operator nicht in das Datentypkonzept paßt. In Turbo-Prolog gibt es daher auch keine selbstdefinierbaren Operatoren. Auch eine Unifikation an die vorhandenen Arithmetik-Operatoren +, -, *, / scheitert.

Merkwürdigerweise aber ist die Wirkungsweise des Operators = gegenüber Standard-Prolog erweitert. Dieser stellt sowohl Gleichheit bei noch nicht-instantiierten Variablen wie auch Abfrage nach Gleichheit bei gebundenen Variablen dar. Standard-Prolog verwendet hier in der Arithmetik die Wertzuweisung *is*.

1.8 Logische Grundlagen

Neben den bekannten Aussageverknüpfungen *und* und *oder*

A & B	A und B (Konjunktion)
A v B	A oder B (Disjunktion)

werden in der Aussagenlogik noch weitere Verknüpfungen betrachtet z.B.

A -> B	wenn A, dann B (Implikation)
A <-> B	wenn A, dann B und umgekehrt (Äquivalenz)
A xor B	wenn A, dann nicht B und umgekehrt (exklusives, d.h., ausschließendes Oder)

Die Wahrheitswerte (wahr=w, falsch=f) solcher Aussageverknüpfungen werden meist in Tabellen dargestellt

A	B	A&B	AvB	A->B	B->A	A<->B	Tautologie
w	w	w	w	w	w	w	w
w	f	f	w	f	w	f	w
f	w	f	w	w	f	f	w
f	f	f	f	w	w	w	w

dabei heißt die stets wahre Aussage *Tautologie*. Alle 16 möglichen Verknüpfungen zweier Aussagen erhält man, wenn man zu den acht Möglichkeiten der Tabelle noch jeweils die Verneinung ~ hinzunimmt. Damit erhält man

```
~A      ~B      ~(A&B)  ~(AvB)  ~(A->B) ~(B->A) A xor B  Kontradiktion

f       f       f       f       f       f       f        f

f       w       w       f       w       f       w        f

w       f       w       f       f       w       w        f

w       w       w       w       f       f       f        f
```

Die Verneinung der *Tautologie*, d.h., die stets falsche Aussage wird *Kontradiktion* genannt. Prinzipiell läßt sich zeigen, daß alle Aussageverknüpfungen stets durch eine Kombination von *&* und *v* dargestellt werden können, z.B. gilt

```
A->B ist äquivalent (eqv) zu (~A)vB
```

Setzt man

```
wahr = 1
falsch = 0
```

wie allgemein üblich, so können solche Wahrheitswerttabellen in Prolog direkt als Fakten interpretiert werden:

```
eqv(0,0,1).  /* Äquivalenz */
eqv(0,1,0).
eqv(1,0,0).
eqv(1,1,1).
xor(0,0,0).  /* Exclusiv-Oder */
xor(0,1,1).
xor(1,0,1).
xor(1,1,0).
imp(0,0,1).  /* Implikation */
imp(0,1,1).
imp(1,0,0).
imp(1,1,1).
```

Zu erwähnen ist, daß man auch die *Bit-Funktionen* von Turbo-Prolog zur Wahrheitswertberechnung heranziehen kann, jedoch darf hier die dritte Variable nicht gebunden sein:

bitand(X,Y,Z)	bindet Z an X & Y
bitor(X,Y,Z)	bindet Z an X v Y
bitnot(X,Z)	bindet Z an ~X
bitxor(X,Y,Z)	bindet Z an X xor Y

Für andere Werte von X und Y außer Null und Eins setzen die *Bit-Funktionen* die Binärstellen von Z wie folgt:

bitand(X,Y,Z) setzt die Bits von Z genau dann, wenn die entsprechenden Bits von X und Y Eins sind. *bitor(X,Y,Z)* setzt ein Bit von Z, wenn ein Bit von X oder Y gesetzt ist. *bitxor* setzt genau dann ein Bit von Z, wenn die zugehörigen Bits von X und Y sich unterscheiden. *bitnot(X,Z)* invertiert die Bits von X, d.h. Eins wird zu Null und umgekehrt. Mit den 16-bit-Darstellungen

```
11 = 0000 0000 0000 1011 ;
25 = 0000 0000 0001 1001
```

gilt

```
bitand(11,25,9)     da 0000 0000 0000 1001 = 9
bitor(11,25,27)     da 0000 0000 0001 1011 = 27
bitxor(11,25,18)    da 0000 0000 0001 0010 = 18
bitnot(11,-12)      da 1111 1111 1111 0100 =-12
```

Im letzten Fall gilt stets für alle ganzen Zahlen a

```
bitnot(a,-a-1)
```

da die führende Eins als Vorzeichenbit und die Zahl 32738 wegen des Überlaufs als Null interpretiert wird.

Da die Aussagenlogik ein Modell der Booleschen Algebra ist, sind alle Booleschen Gesetze Tautologien:

```
A & B  <->  B & A                          Kommutativgesetze
A v B  <->  B v A

A & (B v C) <-> (A & B) v (A & C)          Distributivgesetze
A v (B & C) <-> (A v B) & (A v c)

~(A & B) <-> (~A) v (~B)                   Gesetze von deMorgan
~(A v B) <-> (~A) & (~B)

A v A <-> A                                Idempotenz-Gesetze
A & A <-> A

~(~A) <-> A                                Gesetz der doppelten Verneinung
```

Folgende aussagenlogische Formeln werden meist bei mathematischen Beweisen verwendet (der Nachweis der Tautologie-Eigenschaft kann z.B. mit Hilfe von Wahrheitstafeln erbracht werden):

```
A -> ( A v B)                    Adjunktionsschluß
(A & B) -> A                     Konjunktionsschluß
(A & (A->B)) -> B                Modus ponens
(~A) & (A->B) -> (~B)            Modus tollens
A & ((~B)->(~A)) -> B            indirekter Beweis
```

Die Implikation

```
A1,A2,A3,A4,... -> B
```

entspricht allgemein der *Prologklausel* (auch *Horn-Klausel* genannt)

```
b :- a1,
     a2,
     a3,
     a4,... .
```

Es ist also das Ziel der logischen Programmierung, alle logischen Schlüsse in Form von Horn-Klauseln zu ziehen.

Viele Formeln, wie z.B. der transitive Schluß

```
A & (A->B) & (B->C)  -> C
```

haben bereits diese Form und können somit unmittelbar in Prolog formuliert werden.

Der Aufruf *c* im zugehörigen Programm

```
predicates
  a
  b
  c
clauses
  a.              c :- b.
  a:- b.          b :- a.
  b:- c.          a .
```

liefert den Wert wahr. Obwohl Prolog für das logische Programmieren erdacht wurde, muß trotzdem beachtet werden, daß die Reihenfolge der Klauseln Einfluß auf das Gelingen eines Prädikats haben kann, was eigentlich der reinen Logik widerspricht. Der Formel

```
( A & (A <-> B)) -> B
```

entspricht das Programm

```
predicates
  a
  b
clauses
  a.
  a:- b.
  b:- a.
```

Das Ziel *b* gelingt hier sofort. Ordnet man aber die Klauseln folgendermaßen um

```
clauses
  a:- b.
  b:- a.
  a.
```

so erhält man zur Laufzeit einen Stacküberlauffehler. Das Backtracking (vgl. Abschnitt 1.10) findet hier kein Ende, da das Verfahren stets wieder bei der ersten Klausel beginnt.

Die Klauseln

```
clauses
  p:- a,b.
  p:- c.
```

stellen die Formel

```
P <-> (A & B) v C
```

dar. Das Einfügen eines *Cut*-Operators

```
p:- a,!,b.
p:- c.
```

liefert hier eine ganz andere Bedeutung:

```
P <-> (A & B) v (~A & C).
```

Vertauscht man noch die beiden Klauseln

```
p:- c.
p:- a,!,b.
```

so erhält man die Bedeutung

```
P <-> C v (A & B)
```

Man sieht deutlich, daß durch die Einführung eines *Cuts* die logische Bedeutung von Klauseln geändert werden kann. Die Wirkungsweise des Cut-Operators wird in Abschnitt 1.10 näher beschrieben.

Obwohl in Prolog natürlich das Gesetz der doppelten Verneinung gilt, kann durch Einfügen einer Negativbedingung u.U. die Instantiierung einer Variablen aufgehoben und somit eine Lösung nicht gefunden werden. Dies wird im Abschnitt 1.10 gezeigt. Es empfiehlt sich daher, in Prolog die Anwendung des *not*-Operators möglichst zu vermeiden.

Neben den aussagenlogischen Formeln kann Prolog auch mit Variablen, d.h. mit Aussagenformen arbeiten. Man bewegt sich damit auf dem Gebiet der Prädikatenlogik. Hier werden die Aussageformen mittels sog. *All-* bzw. *Existenz-Quantoren* spezifiziert:

```
Alle Menschen sind sterblich.

Es gibt Säugetiere, die im Wasser leben.
```

Quantoren werden in Prolog mittels Variablen dargestellt. So läßt sich der Schluß

```
Alle Menschen sind sterblich
Sokrates ist ein Mensch
- - - - - - - - - - - - - - - - - - - - - - - - - - - -
Sokrates ist sterblich
```

mit folgendem Programm begründen

```
predicates
  mensch(symbol)
  sterblich(symbol)
clauses
  mensch(sokrates).
  sterblich(X) :- mensch(X).
```

Die Eingabe von *sterblich(X)* liefert

```
X = sokrates
```

bzw.

```
sterblich(sokrates) true.
```

Auch hier ist sorgfältig auf die Reihenfolge der Prädikate zu achten. Betrachtet werde das Programm

```
predicates
  p(symbol)
  q(symbol)
  r(symbol)
clauses
  r(a).
  q(b).
  p(X):- not(r(X)).
```

Die Anfrage *q(X),p(X)* an das Programm liefert die Antwort *X = b*, dagegen liefert das Turbo-System bei der Anfrage *p(X),q(X)* eine Fehlermeldung (das Komma bei der Anfrage steht hier wieder für die Konjunktion der Klauseln).

Eine weitergehende Darstellung der Prädikatenlogik übersteigt den Rahmen eines Einführungskurses. Während in der Aussagenlogik stets in endlich vielen Schritten (mittels Wahrheitswerttabelle) der Wahrheitswert einer Formel bestimmt werden kann, kommt es hier in der Prädikatenlogik zu Schwierigkeiten, da Aussageformen mit beliebig vielen Werten belegt werden können. Hinzu kommt, daß Quantoren beliebig verschachtelt sein können und auch noch verschiedene Wertebereiche haben können. Von Robinson wurde 1965 ein grundlegendes Verfahren angegeben, mit dem man eine Menge von Prolog-Klauseln auf ihre Konsistenz überprüfen kann. Interessierte Leser werden hier auf die im Anhang gegebene Literatur (z.B. [4]) verwiesen.

1.9 Rekursion

Wie in Abschnitt 1.4 ausgeführt wurde, enthalten Listen wiederum Listen und sind somit in natürlicher Weise rekursiv. Rekursion ist ein grundlegendes Verfahren zur Definition und Berechnung von Datentypen und Funktionen. Als elementarstes Beispiel sind hier die natürlichen Zahlen zu nennen, die durch folgende Rekursion gekennzeichnet werden:

   0 ist eine natürliche Zahl

   Mit jeder natürlichen Zahl *n* ist auch ihr Nachfolger *n+1* eine natürliche Zahl.

Dieses rekursive Schema läßt sich in Prolog wie folgt darstellen

```
natuerlich(0).
natuerlich(X):-
   X > 0,
   natuerlich(Y),
   X = Y+1.
```

Dieses Prädikat gelingt für jede natürliche Zahl. Auch die Addition und Multiplikation natürlicher Zahlen läßt sich rekursiv definieren:

```
add(a,b)  = a            für b=0
add(a,b)  = add(a,b-1)+1  für b>0
mult(a,b) = a            für b=1
mult(a,b) = mult(a,b-1)+a  für b>1
```

Dies läßt sich direkt in Prolog umsetzen:

```
add(A,0,A).
add(A,B,S):-
  B1 = B-1,
  add(A,B1,S1),
  s = S1+1.
mult(A,1,A).
mult(A,B,P):-
  B1 = B-1,
  mult(A,B1,P1),
  P = P1+A.
```

Natürlich wird man in der Praxis die Addition nicht rekursiv ausführen. Aber die Rekursivität ist in der Mathematik von prinzipieller Bedeutung, da jede rekursive Funktion auch berechenbar ist. Die rekursiven Funktionen spielen daher in der Theorie der Berechenbarkeit eine große Rolle. Bekannte Beispiele von rekursiven Funktionen und Folgen sind die Fakultätsfunktion

```
n! = n*(n-1)!          für n > 0
0! = 1                 für n = 0
```

und die Fibonacci-Folge

```
Fib(n) = Fib(n-1) + Fib(n-2)     für n > 1
Fib(0) = Fib(1) = 1              für n = 0, 1
```

Auch diese Definitionen lassen sich direkt in Prolog realisieren:

```
fakultaet(0,1).
fakultaet(N,F):-
  N > 0,
  N1 = N-1,
  fakultaet(N1,F1),
  F = F1*N.
fib(0,1).
fib(1,1).
fib(N,F):-
  N > 1,
  N1 = N-1,
  fib(N1,F1),
  N2 = N-2,
  fib(N2,F2),
  F = F1+F2.
```

Wie man am Beispiel der Fibonacci-Zahlen sieht, zieht jedes Vermindern des Arguments um eins zwei weitere Funktionsaufrufe nach sich, deren jeweilige Zwischenwerte auf dem *Stack* gespeichert werden müssen. Eine solche rekursive Berechnung ist daher für große Werte sehr aufwendig und wenig effektiv. Man wird daher - falls möglich - eine iterative Berechnung vorziehen; da Prolog nicht über Kontrollstrukturen wie z.B. Pascal verfügt, wird dies nicht immer möglich sein. Es gibt jedoch rekursiv arbeitende Verfahren, die sehr effektiv sind. Ein Standardbeispiel dafür ist die Berechnung des größten gemeinsamen Teilers *(ggT)*:

```
ggT(a,b) = a                für b=0
ggT(a,b) = ggT(b,a mod b)   für b>0
```

hierbei ist *a mod b* der verbleibende Rest der Division von *a* durch *b*. Auch dieser Algorithmus läßt sich sofort in Prolog formulieren:

```
ggt(A,0,A).
ggt(A,B,C):-
  B > 0,
  K = A mod B,
  ggt(B,K,C).
```

Da Prolog - wie schon erwähnt - keine prozedurale Sprache wie BASIC oder Pascal ist, wird die Rekursion sehr oft zur Kontrolle des Programmablaufs eingesetzt. Dies bedeutet, daß ein ursprünglich iteratives Verfahren unter Umständen dann rekursiv formuliert werden muß. Dies wird nun an der Summation der ersten N natürlichen Zahlen demonstriert:

```
summe(0,0).
summe(N,S):-
  N > 0,
  N1 = N-1,
  summe(N1,S1),
  S = S1+1.
```

Bei jeder Rekursion ist eine Abbruchbedingung notwendig, da sonst das Verfahren in eine Endlosschleife gerät. Da hier die Rekursion rückwärts läuft, wird irgendwann die Zahl *0* erreicht (die Startzahl wird als natürliche Zahl und somit als positiv vorausgesetzt). Das Prädikat *summe(0,0)* gelingt schließlich damit und bricht die Rekursion ab.

Das Problem der Türme von Hanoi ist ein wohlbekanntes schönes Beispiel
dafür, daß eine rekursive Lösung oft einfacher zu finden ist als eine iterative. *N* Scheiben, nach größer werdendem Radius geordnet, sollen von
einer Säule *1* zu einer Säule *2* so gebracht werden, daß

> jeweils nur eine Scheibe bewegt wird;

> niemals eine größere Scheibe auf einer kleineren zu liegen kommt.

Dabei darf eine Säule *3* zum Zwischenlagern verwendet werden. Eine rekursive Lösung findet sich durch folgende Überlegung. Angenommen sei,
daß das Problem für *N-1 (N>1)* Scheiben gelöst sei. Dann führe man folgende Schritte durch:

> (a) Verlege die *N-1* Scheiben von Säule *1* auf die Säule *3*;

> (b) Bringe die verbleibende größte Scheibe von *1* nach *2*;

> (c) Lege die *N-1* kleineren Scheiben von *3* auf *1*.

Das folgende Prologprogramm verwirklicht dies:

```
hanoi(N):-
    transportiere(N,eins,zwei,drei).
transportiere(0,_,_,_).
transportiere(N,Start,Ziel,Hilf):-
  N1 = N-1,
  transportiere(N1,Start,Hilf,Ziel),    /* Schritt a */
  writef("Bringe oberste Scheibe vom Turm % nach Turm %\n",
             Start,Ziel"),        /* Schritt b */
  transportiere(N1,Hilf,Ziel,Start).    /* Schritt c */
```

Das so entstehende Programm ist so einfach, daß Programmieranfänger
oft Schwierigkeiten haben einzusehen, daß dies tatsächlich die vollständige Lösung des Problems darstellt. Probleme, die im Zusammenhang
mit Listen erscheinen, können oft ebenfalls relativ einfach gelöst werden.
Als Beispiel werden zwei Permutationsverfahren besprochen. Vergleicht
man die sechs Permutationen einer 3-elementigen Menge:

```
[1,2,3]
[1,3,2]
[2,1,3]
[2,3,1]
[3,1,2]
[3,2,1]
```

so sieht man, daß jeweils ein Element entnommen, die Restmenge permutiert und das Element wieder an die erste Stelle gestellt wurden. Betrachtet man das Problem der Permutation der Restmenge als gelöst, so kann
dies in Prolog wie folgt kodiert werden:

```
permutation([],[]).
permutation(L,[X|P]):-
  delete(X,L,L1),
  permutation(L1,P).
```

Das Entfernen eines Elementes aus einer Liste wird wie folgt realisiert
werden. Entfernt man das erste Element, so verbleibt die Restliste. Nach
Entfernen des ersten Elementes sind zwei Listen gleich, wenn jeweils die
Restlisten übereinstimmen:

```
delete(X,[X|T],T).
delete(X,[Y|T],[Y|T1]):-
  del(X,T,T1).
```

Ordnet man die obigen Permutationen um

```
[1,2,3]
[1,3,2]
[2,1,3]
[3,1,2]
[2,3,1]
[3,2,1]
```

so liegt folgende Auffassung nahe: Man entnimmt irgendein Element der
Liste, permutiert die Restliste und fügt dann dieses Element an jeder
möglichen Stelle ein. Dies ergibt folgendes Programm

```
permutation([],[]).
permutation([X|L],P):-
  permutation(L,L1),
  insert(X,L1,P).
```

wobei das Einfügen folgendermaßen implementiert wird: Entsteht aus der
Liste L durch Einfügen von X die Liste $L1$, so ergibt sich L aus $L1$
durch Entfernen des Elements X

```
insert(X,L,L1):-
  delete(X,L1,L).
```

Wie man sieht, ist die Rekursion insbesondere im Zusammenhang mit der
Listenverarbeitung ein mächtiges Werkzeug, das auch in anderen Programmiersprachen wie Logo oder Lisp Anwendung findet.

Besonders anschaulich ist die Rekursion bei den rekursiv definierten Kurven. Die *Koch-Kurve* entsteht, indem man eine gegebene Strecke in drei
gleiche Teile teilt und über dem mittleren Drittel ein gleichseitiges Drei-
eck errichtet. Setzt man das Drittelungsverfahren rekursiv fort, so erhält
man ein immer mehr gezacktes Kurvenstück, das man mit zwei weiteren
zu einer *Schneeflockenkurve* zusammensetzen kann. Die Kochsche Kurve
der Rekursionsstufe *0* ist eine Strecke

```
    koch(0,G):-
      forward(G).
```

Die nächste Rekursionsstufe erhält man durch Dreiteilung der Strecke und
durch Aufsetzen der gedrittelten Strecken über dem mittleren Drittel unter 60 bzw. 120 Grad.

```
    koch(S,G):-
      S > 0,
      S1 = S-1,
      G1 = G div 3,
      koch(S1,G1),
      right(60),
      koch(S1,G1),
      right(-120),
      koch(S1,G1),
      right(60),
      koch(S1,G1).
```

Schließlich werden noch drei Kochsche Kurvenstücke unter 120 Grad
(gegen den Drehsinn) zur Schneeflockenkurve zusammengesetzt:

```
    schneeflocke(S,G):-
      koch(S,G),
      right(-120),
      koch(S,G),
      right(-120),
      koch(S,G),
      right(-120).
```

Die Schneeflockenkurve ist hochrekursiv; jeder Aufruf der Funktion zieht
vier weitere Aufrufe nach sich. Dies hat zur Folge, daß bei der Koch-
schen Kurve bereits bei der Rekursionsstufe 5 der Stackspeicher über-
läuft. Weitere Graphikbeispiele werden im Abschnitt 1.6 gegeben.

1.10 Backtracking

Backtracking nennt man eine Suchstrategie zur Lösung eines Problems,
die, falls sie in eine Sackgasse gerät, sich daraus zurückzieht und Schritte
in eine neue Richtung unternimmt. Das Backtracking ist derjenige
Mechanismus von Prolog, der dafür Sorge trägt, möglichst viele Lösungen
zu finden; es ist damit eines der grundlegenden Methoden der künstlichen
Intelligenz.

Das Backtracking soll nun an einigen Beispielen exemplarisch besprochen werden. Im ersten Beispiel

```
predicates
  pkw(symbol)
  diesel(symbol)
  otto(symbol)
clauses
  diesel(bmw_324d).
  otto(bmw_325i).
  otto(daimlerbenz_190).
  pkw(X):- otto(X).
  pkw(Y):- diesel(Y).
```

wird nach dem Aufruf *pkw(Z)* das Prädikat *otto* aufgerufen, das mit der Instantiierung *Z = bmw_325i* und *Z = daimlerbenz_190* gelingt. Da kein weiteres Faktum *otto* mehr existiert, zieht sich das Verfahren zurück, setzt *Z* wieder frei und ruft in der letzten Zeile das Prädikat *diesel* auf. Hier gelingt die Instantiierung mit *Z = bmw_324d*. Da keine weitere Klausel mehr besteht, bricht das Backtracking ab. Es wurden hier also alle drei Fakten gefunden.

Als zweites Beispiel eines Backtracking in Zusammenhang mit Listen sei das Teilmengen-Prädikat *subset* aus dem Programm *menge.pro* behandelt:

```
clauses
  subset([],[]).
        subset([X|L],S):-    /* Zeile 2 */
        subset(L,L1),
  S = L1.                    /* Zeile 4 */
  subset([X|L],S):-          /* Zeile 5 */
        subset(L,L1),
        S = [X|L1].
```

Der Aufruf *subset([0,1],T)* unifiziert zunächst in Zeile 2 *[X|L]* mit *[0,1]*. Mit *L = [1]* wird wieder nach Aufruf von *subset* das erste Element abgespalten und *L* mit der leeren Menge belegt. Beim erneuten Aufruf gelingt dann *subset([],[])*, und die bisher freie Variable *L1* wird auf *[]* gesetzt, damit gelingt auch *S=L1* und man erhält die erste Lösung *T=[]*. Nach dem Zurückschreiten ist *L* wieder mit *[1]* belegt, *subset* wird in Zeile 5 aufgerufen. Es wird wieder das erste Element *X=1* abgetrennt, mit *L=[]* gelingt dann wieder die Klausel *subset([],[])*. *T* wird damit wie *S=[X|L1]* gleich *[1]*, dies ist die zweite Lösung. Im nächsten Backtracking-Schritt wird wieder *[X|L]* mit *[0,1]* instantiiert, *L* ohne erstes Element erfüllt wieder das Prädikat *subset([ ],[ ])*. Die dritte Lösung *T* wird damit wie *S* wieder zu *[X|L1]*, hier also zu *[0]*. Im letzten Schritt gelingt dann noch das Prädikat

```
subset( [0,1] , [0,1] ).
```

Dies liefert die vierte Lösung *T=[0,1]*. Begnügt man sich nur mit einer Lösung, so wird in Zeile 4 der *Cut*-Operator *!* gesetzt. Für ihn gibt es zwei Regeln

(a) Steht der *Cut* am Ende eines Prädikats, so erhält man eine Lösung, falls das Prädikat gelingt. Das Backtracking wird eingestellt;

(b) Steht der *Cut* inmitten eines Prädikats wie z.B. bei

```
test :- a,b,!,c,d.
```

so mißlingt die ganze Klausel, wenn *a* oder *b* mißlingt, und das Backtracking wird eingestellt. Gelingen die Klauseln *a* und *b* bzw. ihre Prädikate, so findet ein Backtracking nur bei hinteren Prädikaten statt.

Der *Cut*-Operator wird somit in folgenden drei Situationen eingesetzt:

(1) Er verhindert die Suche einer zweiten Lösung, wenn eine bereits gefunden ist. Dies geschieht im Sinne einer IF..THEN..ELSE-Anweisung von Pascal. Ist der IF-Teil erfüllt, so interessiert der ELSE-Teil nicht mehr;

(2) Er verhindert unnötiges Backtracking bei Problemen, bei denen nur eine Lösung sinnvoll ist. Dies ist zum Beispiel der Fall bei einem Primzahltestprogramm. Hat man hier einen echten Teiler gefunden, so wird weiteres Backtracking sinnlos;

(3) Er verhindert sinnloses oder endloses Backtracking, wenn klar geworden ist, daß keine Lösung existiert. Dies wird erreicht durch Setzen von *!,fail*; der *Cut* wird verknüpft mit dem stets falschen Prädikat *fail*.

Als Beispiel zum Fall 1 sei hier ein Prädikat zur Bestimmung des Maximums *Z* zweier Zahlen *X,Y* behandelt. Ist *X* größer oder gleich *Y*, dann ist *Z = X* und das Maximum bereits gefunden. Im anderen Fall muß gelten *X < Y* und somit *Z=Y*.

```
max(X,Y,Z):- X>=Y,!,Z = X.
max(X,Y,Z):- Z = Y.
```

Prinzipiell kann hier der *Cut* vermieden werden, indem man schreibt

```
max(X,Y,Z):- X >= Y, Z = X.
max(X,Y,Z):- X < Y, Z= Y.
```

Dieses Prädikat ist nicht mehr so effektiv, da X und Y hier zweimal verglichen werden müssen. In diesem einfachen Fall kann man natürlich auch

```
max(X,Y,X) :- X >= Y.
max(X,Y,Y) :- X < Y.
```

schreiben. Es ist zu bedenken, daß durch das Setzen eines *Cuts* in einer Klausel die logische Abfolge, die eigentlich die Grundlage des logischen Programmierens ist, gestört wird und daher das Programm u.U. schwer verständlich macht. Steht der *Cut* inmitten einer Klausel, die nicht erfüllt werden kann, so kommt es hier zu einem Seiteneffekt, da auch die aufrufende Klausel mißlingt.

Das oben erwähnte Prädikat *fail* ermöglicht das Erzwingen des erforderlichen Backtrackings in einer nichtrekursiven Klausel. Betrachtet werde das Programm, das alle aus 0 und 1 bestehenden Tripel ausdruckt:

```
predicates
  setze(integer,integer)
  tripel(integer,integer,integer)
clauses
  setze(_,0).  /* 1.Variable frei */
  setze(_,1).
  tripel(A,B,C):-
        setze(A,A1),
        setze(B,B1),
        setze(C,C1),
        writef("% % %\n",A1,B1,C1),fail.
```

Zunächst werden nach dem Aufruf *tripel(X,Y,Z)* die Variablen X, Y, Z gleich Null gesetzt und ausgedruckt. Das *fail* bewirkt das Mißlingen von *tripel(X,Y,Z)*, so daß nun das Backtracking einsetzt und über das Prädikat *setze* sukzessive alle weiteren möglichen Tripel erzeugt werden. Der Aufruf endet hier mit *fail*, da das Prädikat *tripel(X,Y,Z)* niemals gelingt. Diese Art der Erzeugung eines Backtracking benutzt man z.B., um alle Datensätze aus einer externen Datenbank einzulesen.

Das Backtracking innerhalb eines Prolog-Programms läßt sich mit dem sog. Vierport-Modell eines Prädikats veranschaulichen. Jedes Prädikat hat zwei Ein- und Ausgänge.

Eingänge sind

CALL Aufruf des Prädikats (im Tracemodus *call*);

REDO Wiederaufruf beim Backtracking (im Tracemodus ebenfalls *redo*).

Ausgänge sind

FAIL Nichtgelingen des Prädikats (im Tracemodus *fail*);

EXIT Gelingen des Prädikats (im Tracemodus *return*).

Das Backtracking steuert nun den Informationsfluß zwischen den Aus- und Eingängen der Klauseln analog wie ein elektrischer Strom eine Schaltung mit mehreren Bauteilen betreibt (vgl. Bild 1.4).

Ähnlich wie *Cut* und *Fail* das Backtracking beinflussen, kann es auch beim *not*-Operator zu Nebeneffekten kommen. Ein Beispiel dafür bietet das Programm

```
giftig(fliegenpilz).
pilz(champignon)
pilz(pfifferling)
pilz(steinpilz)
speisepilz(X):-
not(giftig(X)),
pilz(X).
```

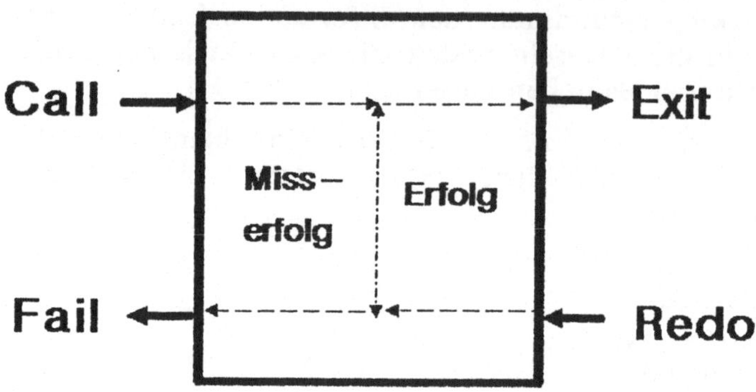

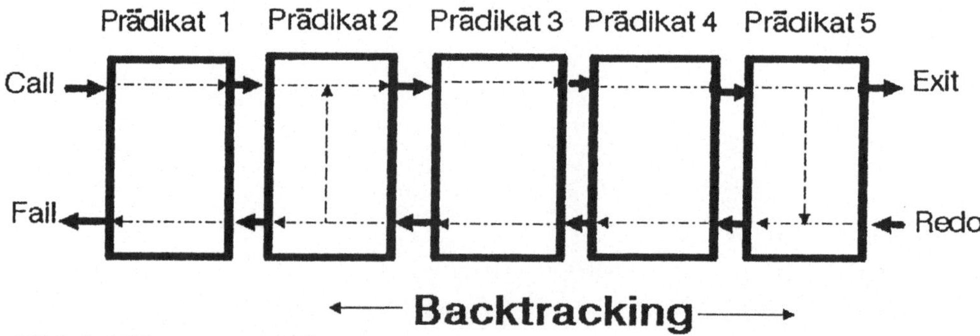

Bild 1.4 Vierportmodell

Die Anfrage *speisepilz(X)* liefert in Turbo-Prolog eine Fehlermeldung, da
die Variable X unter dem *not*-Operator als nicht instantiierbar angesehen
wird. Im Standardprolog ergibt sich hier keine Lösung. Beim Aufruf des
Prädikats giftig gelingt zunächst die Instantiierung von X = *fliegenpilz*,
d.h. *giftig(x)* wird wahr. Dadurch aber wird *not(giftig(X))* falsch und da
das Prädikat mißlingt, wird die Instantiierung von X aufgehoben. Eine
weitere Lösung wird nicht erreicht. Ändert man in der Klausel *speisepilz*
die Reihenfolge

```
speisepilz(X) :- pilz(X),not(giftig(X)).
```

so erhält man beim Aufruf *speisepilz(X)* alle drei Lösungen:

```
X = champignon, X = pfifferling, X = steinpilz.
```

Warum hier im Gegensatz zum ersten Fall das Backtracking funktioniert, erklärt sich so: Zunächst sind die Prädikate *pilz(fliegenpilz)* und *giftig(fliegenpilz)* erfüllt. Wegen des *not* mißlingt aber *pilz(fliegenpilz)* und das Backtracking findet alle weiteren Lösungen, da *not(giftig(X))* für jeden weiteren Pilz gelingt. Prolog sieht in solchen Fällen nichtexistierende Prädikate als falsch an, da sie (natürlich) nicht erfüllt werden können. Turbo-Prolog läßt nichtexistierende Prädikate überhaupt nicht zu.

1.11 Dateiverwaltung

Da Turbo-Prolog als Compilersystem ein Programm vor dem Ablauf vollständig übersetzt, ist es zur Laufzeit nicht mehr möglich, Klauseln oder Prädikate zu verändern oder neue hinzuzufügen, wie es bei manchen anderen Prolog-Systemen statthaft ist. Jedoch besteht die Möglichkeit, während der Laufzeit die Wissensbasis, d.h. die Fakten eines Programms, zu ändern; solche Dateien werden dann dynamisch genannt.

Die dynamisch zu verwaltenden Fakten müssen in einer DATABASE-Anweisung erscheinen. Will man z.B. ein Kassenbuch führen, so wird man in etwa die folgenden Datenbank-Fakten definieren:

```
database
   einnahme(betrag,datum,bezahlt_von)
   ausgabe(betrag,datum,verwendungszweck)
```

wobei die Datentypen von *betrag*, *datum* usw. in einer DOMAINS-Anweisung definiert werden müssen. Eine dynamische Wissensbasis ist immer dann nötig, wenn Fakten im Kernspeicher gehalten werden müssen.

Dies ist beim Programm *eliza.pro* des Programmteils der Fall, da hier der Rechner alle Anworten des Patienten registrieren muß, um gegebenenfalls darauf reagieren zu können.

Das entsprechende Prädikat heißt

```
   asserta(faktum)
```

wenn das Faktum am Anfang bzw.

```
   assertz(faktum)
```

wenn es am Ende der Wissensbasis gespeichert ist. Auch das Prädikat *assert* (Speichern an beliebiger Stelle) existiert in Turbo-Prolog Version 1.1; dieser Befehl ist merkwürdigerweise im Handbuch nicht dokumentiert. Mit dem Prädikat

```
   retract(faktum)
```

wird das in Klammern gegebene Faktum aus der aktuellen Wissensbasis gelöscht. Mit Hilfe des *Fail*-Operators kann eine Wissensbasis mittels der Klausel

```
delete_all:-
  retract(_),
  fail.
delete_all.
```

vollständig aus dem Speicher gelöscht werden. Eine Datenbank kann jederzeit mit dem Befehl

```
save("file.dat")
```

auf Diskette oder Festplatte gespeichert werden; der Name der Datei muß den MS-DOS-Regeln entsprechen, er darf eine Laufwerksangabe, aber um die eingelesenen . *Save* gelingt, wenn die Datei erfolgreich abgespeichert werden kann. Eine solche Datei kann zur Laufzeit mit Hilfe des Befehls

```
consult("file.dat")
```

eingelesen werden. Die vorhandene Wissensbasis wird um die eingelesenen Fakten erweitert. Das Prädikat *consult* gelingt nicht, wenn die zugehörige Datei nicht existiert, nicht geöffnet werden kann oder einen Syntax-Fehler enthält. Wird eine solche Datei, die konsultiert werden soll, extern erzeugt, so sind folgende Regeln zu beachten:

a) Die Klauseln dürfen nicht mit einem Punkt enden. Es empfiehlt sich, die Klauseln getrennt in je eine Zeile zu schreiben.

b) Es dürfen keine Leerzeilen enthalten sein, die Klauseln sollen keine zusätzlichen Leerstellen aufweisen.

c) Symbole sollen möglichst in Hochkommata eingeschlossen werden.

Ist eine Datenbank zu groß, um vollständig in den Kernspeicher geholt zu werden, oder soll schrittweise eingelesen werden, so kann das Prädikat

```
readterm(domain,faktum)
```

verwendet werden. Das Faktum muß der Definition in der DOMAINS-Anweisung entsprechen.

Zum Auswerten einer Datenbank ist das Prädikat

```
findall(Variable,Prädikat(....),Liste)
```

sehr nützlich. Es sammelt alle Variablenwerte einer Datenbank, die das Prädikat erfüllen, in einer Liste. Die Summe aller Einzahlungen der oben eingegebenen Datenbank könnte man mit folgendem Programmausschnitt ermitteln:

```
findall(Betrag,einnahme(Betrag,_,_),Liste),
summiere_liste(Liste,Summe,N).
summiere_liste([],0,0).
summiere_liste([L1|L2],Summe,N):-
  summiere_liste(L2,S1,N1),
  Summe = L1 + S1,
  N = N1 + 1.
```

Auch Betriebssystembefehle zum Öffnen und Schließen von Dateien sind
unter Turbo-Prolog zugänglich. Die Ausgabe an Drucker, Bildschirm, Tastatur oder an die serielle Schnittstelle erfolgt mittels

```
writedevice(symbolische_datei)
```

wobei der symbolische Dateiname entweder für *printer*, *screen*, *keyboard*
oder *com1* steht. Die Eingabe kann entsprechend über

```
readdevice(symbolische_datei)
```

gesteuert werden. Mit den Prädikaten

```
openread(symbolische_datei,msdos_name)
openwrite(symbolische_datei,msdos_name)
openmodify(symbolische_datei,msdos_name)
openappend(symbolische_datei,msdos_name)
```

wird der zu öffnenden Datei ein DOS-Name zugeordnet. Ein entspre-
chender Programmausschnitt wäre

```
domains
file = ziel
goal
openwrite(ziel,"daten.dba"),
writedevice(ziel),...
```

wobei *Ziel* hier der symbolische Dateiname ist. Mit den beiden letzten
Open-Befehlen wird eine bestehende Datei modifiziert bzw. erweitert. Die
Datei wird nach Abschluß mit dem Prädikat

```
closefile(symbolische_datei)
```

geschlossen. Zuvor kann der Puffer mittels des Prädikats

```
flush(symbolische_datei)
```

entleert werden. Mit

```
eof(symbolische_datei)
```

wird geprüft, ob das Dateiende bereits erreicht wurde.

Auf numerierte Datensätze kann gezielt mit dem Prädikat

```
filepos(symbolische_datei,nr,mode)
```

zugegriffen werden. Dabei gibt *nr* die Nummer des Datensatzes an und *mode* den Modus, in dem gezählt wird. Es gilt

```
modus = 0   Zählen relativ zum Dateianfang;

modus = 1   Zählen relativ zur aktuellen Position;

modus = 2   Zählen relativ zum Dateiende.
```

Diese Zugriffsart empfiehlt sich bei häufigem Dateizugriff.

1.12 DOS- und Systemfunktionen

Eine der hervorragenden Eigenschaften von Turbo-Prolog ist der bequeme Zugriff auf DOS-Funktionen. Beispiel dafür sind die in Abschnitt 1.6 erwähnten *Fenster-(Windows)-Funktionen*.

Neben den ebenfalls bereits erwähnten Prädikaten zum Speichern und Einlesen von Dateien (Abschnitt 1.11)

```
save(dos_name)
consult(dos_name)
```

bietet Turbo-Prolog noch die Datei-Funktionen

```
dir(pfad,dateispezifikation,datei)
deletefile(dos_name)
existfile(dos_name)
renamefile(dos_name)
disk(pfad)
```

Mit *disk* kann ein neuer Pfad gesetzt bzw. ein existierender Pfad erfragt werden. Mittels der Prädikate *deletefile* bzw. *renamefile* kann eine Datei gelöscht bzw. umbenannt werden. *existfile* ist erfüllt, wenn das angegebene Programm im aktuellen Pfad vorhanden ist. *Dir* ruft das *Directory-Menü* auf, zeigt alle Dateien der gesuchten Spezifikation (z.B. **.pro) und wählt die unter dem Cursor stehende Funktion als Datei aus.

Der Zugriff auf *Systemzeit* und *-datum* kann mittels

```
time(Stunden,Minuten,Sekunde,Hunderstel)
date(Jahr,Monat,Tag)
```

erfolgen. Sind die Variablen des *time-* bzw. *date*-Prädikats noch frei, so werden sie mit den Systemwerten gebunden, andernfalls werden die entsprechenden Werte gesetzt. Die *time*-Funktion wird insbesondere zur

Zeitmessung von Programmen genutzt. Die Programme *benchmk1.pro* und *benchmk2.pro* zur Bestimmung der Anzahl von logischen Interferenzen LIPS *(logical interferences per second)* finden Sie im Programmteil des Buches.

Der Lautsprecher kann angesprochen werden mit

```
beep
sound(Dauer,Frequenz)
```

Während *beep* (entspricht dem ASCII-Code 7) einen kurzen Ton, z.B. bei Fehleingaben, hervorruft, können mit *sound* Tondauer und Frequenz gesteuert werden. Die Töne des ungestrichenen Intervalls ergeben sich aus folgender Tabelle:

Note	Frequenz (Hertz)
C	131
C#	139
D	147
D#	156
E	165
F	175
F#	185
G	196
G#	208
A	220
B	233
H	247
C'	262

Alle weiteren eingestrichenen Töne ergeben sich durch Frequenzverdoppelung, z.B. der Kammerton *a' = 440 Hz*. Die Dauer wird in Hundertstel Sekunden angegeben; setzt man eine ganze Note auf 80 Hundertstel Sekunden fest, so liefern:

```
sound(80,_)    1/1 Note
sound(40,_)    1/2 Note
sound(20,_)    1/4 Noten usw.
```

Ein Prädikat zum Spielen einer Note ist z.B.

```
spiele_note(Note,Dauer):-
   tonhoehe(Note,Frequenz),
   sound(Frequenz,Dauer)
```

dabei sind in der Klausel *tonhoehe(_,_)* die Informationen der obigen Tabelle gespeichert. Eine Pause kann durch einen Ton oberhalb der Hörschwelle, z.B. 20000 Hz programmiert werden.

Einen direkten Zugriff auf das BIOS (*Basic Input/Output System*) liefert das Prädikat

```
bios(IntNr,reg(AXi,BXi,CXi,DXi,SIi,DIi,DSi,ESi),
   reg(AXo,BXo,CXo,DXo,SIo,DIo,DSo,ESo))
```

dabei ist *IntNr.* die Nummer des Interrupts, die Registerwerte *reg* für Ein- und Ausgabe müssen als zusammengesetztes Datenobjekt mittels der Anweisung

```
regdom = reg(integer,integer,....,integer)
```

definiert werden. Der Speicherplatz einer Diskette kann über das Prädikat

```
diskspace(Total,Free):-
   AAX = 54*256,
   bios($21,reg(AAX,0,0,0,0,0,0,0),reg(AX,BX,CX,DX,_,_,_,_)),
   Free = 1.0*AX*BX*CX,
   Total = 1.0*AX*CX*DX.
```

ermittelt werden, die Versionsnummer des MS-DOS mittels

```
dos_version(Nr):-
   bios($21,reg($3000,0,0,0,0,0,0,0),reg(AX,_,_,_,_,_,_,_)),
   bitand(AX,$00FF,High),
   bitright(AX,8,Low),
   Nr = High+Low/100.
```

Weitere Beispiele für BIOS-Aufrufe findet man im Program *bios.pro* im Programmteil des Buches. Nähere Einzelheiten können dem jeweiligen Rechnerhandbuch entnommen werden.

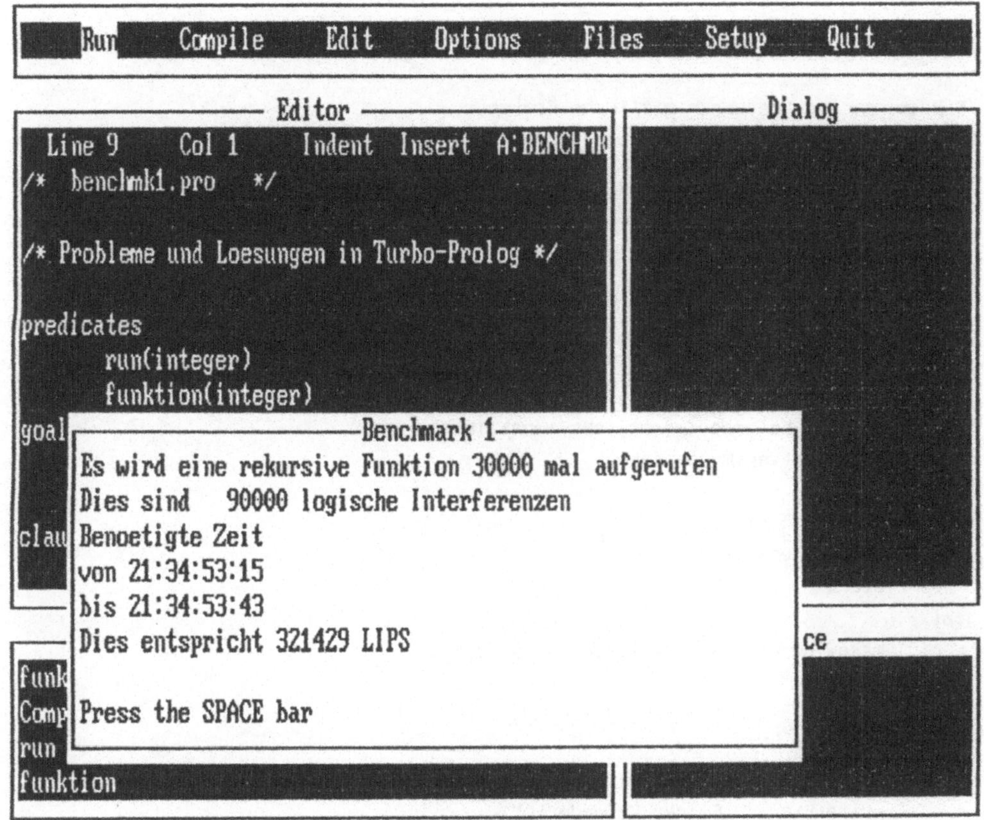

Bild 1.5 Programm benchmk1.pro

2 Programmbeispiele

2.1 Elementare Probleme

KALENDER.PRO

```
/* kalender.pro */

/* Probleme und Loesungen mit Turbo-Prolog
   Wochentags-Bestimmung nach der Formel
   des Geistl. Zeller
   Gueltig seit 1583 (Gregorianischer Kalender) */


domains
        liste = monat*
        tag,monat,jahr = integer
predicates
        wochtag(tag,monat,jahr)
        altroem_Kalender(monat,jahr,monat,jahr)
        datum_ok(tag,monat,jahr)
        tag(tag)
        schaltjahr(jahr)
        member(monat,liste)
        start
goal
        makewindow(1,14,3,"Kalender",5,5,10,50),
        start.
clauses
        start:-
        write("\t--------------------------\n"),
        write("\t      Ewiger Kalender\n"),
        write("\t--------------------------\n"),
        write("\nGib Datum in der Form TT.MM.JJJJ ein!\n"),
        readln(Datum),
        frontstr(2,Datum,T,R),
        frontchar(R,Punkt,R1),
        frontstr(2,R1,M,R2),
        frontchar(R2,Punkt,J),
        str_int(T,T1),
        str_int(M,M1),
        str_int(J,J1),
        wochtag(T1,M1,J1),
        write("\nReturn"),readln(_).
```

```prolog
start:-
write("Falsche Eingabe! \n"),!,fail.
wochtag(T,M,J):-
     not(datum_ok(T,M,J)),
     write("Falsches Datum !\n"),
     !,fail.
wochtag(T,M,J) :-
     write("Der Tag ist ein "),
     altroem_Kalender(M,J,M1,J1),
     A = J1 mod 100,
     B = J1 div 100,
     C = (13*M1-1) div 5,
     D = A div 4,
     E = B div 4,
     W = (A+C+D+E+T-2*B) mod 7,
     tag(W),nl.
altroem_Kalender(M,J,M1,J1):-
     M >2,!,
     M1 = M -2,
     J1 = J.
altroem_Kalender(M,J,M1,J1):-
     M <= 2,
     M1 = M +10,
     J1 = J-1.
tag(0):- write("Sonntag").
tag(1):- write("Montag").
tag(2):- write("Dienstag").
tag(3):- write("Mittwoch").
tag(4):- write("Donnerstag").
tag(5):- write("Freitag").
tag(6):- write("Samstag").
datum_ok(_,_,J):-
      J < 1583,!,fail.
datum_ok(_,M,_):-
     M < 1; M > 12,!,fail.
datum_ok(T,M,_):-
     T <= 31,
     member(M,[1,3,5,7,8,10,12]).
datum_ok(T,M,_):-
     T <= 30,
     member(M,[4,6,9,11]).
 datum_ok(T,M,_):-
     T <= 28,
     M = 2.
```

```
datum_ok(T,M,J):-
    T = 29,
    M = 2,
    schaltjahr(J).
schaltjahr(J):-
    0 = J mod 4,
    0 <> J mod 100;
    0 = J mod 400.
member(X,[X|_]).
member(X,[_|Y]):- member(X,Y).
```

OSTERN.PRO

```
/* ostern.pro */


/*      Probleme und Loesungen mit Turbo-Prolog  */


/*     Oster-Algorithmus von O'Beirne
       Berechnung aller Ostersonntage von 1900 bis 2099 */


domains
        jahr,tag,monat = integer

predicates
        ostern(jahr)
        eingabe_oK(jahr)
        datum(tag,tag,monat)
        eingabe

goal
        makewindow(1,14,3,"Oster-Berechnung",5,5,13,50),
        eingabe.

clauses
        eingabe:-
            write("\t--------------------------------\n"),
            write("\t  Berechnung des Ostersonntags\n"),
            write("\t--------------------------------\n"),
            write("\nGib Jahr zwischen 1900 und 2099 ein!\n"),
            readint(Jahr),
            ostern(Jahr),
            nl,nl.
```

```
ostern(Jahr) :-
      eingabe_oK(Jahr),
      N = Jahr -1900,
      A = N mod 19,
      B = (7*A+1) div 19,
      C = (11*A-B+4) mod 29,
      D = N div 4,
      E = (N+D-C+31) mod 7,
      F = 25-C-E,
      datum(F,T1,M1),
      writef("Osternsonntag %4 ist der %.%",
                Jahr,T1,M1).
 datum(F,T1,M1) :-
      F >0,!,
      T1 = F,
      M1 = 4.
 datum(F,T1,M1) :-
      F <0,!,
      T1 = F+31,
      M1 = 3.
eingabe_oK(J):-
      J >= 1900,
      J < 2099.
eingabe_oK(J):-
      J < 1900,!,
      write("Jahr ab 1900 eingeben !\n"),fail.
eingabe_oK(J):-
      J > 2099,!,
      write("Jahr vor 2100 eingeben !\n"),fail.
```

```
┌──────────────────────────Tilgung──────────────────────────────┐
│Kredit in DM ?                                                  │
│100000                                                          │
│Jahreszinssatz in % ?                                           │
│12                                                              │
│Laufzeit in ganzen Jahren?                                      │
│10                                                              │
│Anzahl der Zinsperioden p.a.?                                   │
│1                                                               │
│Periode Annuitaet   Tilgung     Zins      Restschuld            │
│------------------------------------------------------          │
│      1   17698.42    5698.42   12000.00    94301.58            │
│      2   17698.42    6382.23   11316.19    87919.36            │
│      3   17698.42    7148.09   10550.32    80771.26            │
│      4   17698.42    8005.86    9692.55    72765.40            │
│      5   17698.42    8966.57    8731.85    63798.83            │
│      6   17698.42   10042.56    7655.86    53756.27            │
│      7   17698.42   11247.66    6450.75    42508.61            │
│      8   17698.42   12597.38    5101.03    29911.23            │
│      9   17698.42   14109.07    3589.35    15802.16            │
│     10   17698.42   15802.16    1896.26        0.00            │
│Return                                                          │
│                                                                │
└────────────────────────────────────────────────────────────────┘
Use first letter of option  or  select with  ->  or  <-
```

Bild 2.1 Beispiel zum Programm tilgung.pro

TILGUNG.PRO

```prolog
/* tilgung */

/* Probleme und Loesungen mit Turbo-Prolog */

predicates
      periode(integer,real,real,integer,
                   integer,real,real).
      start

goal
      start.
```

```
clauses
    start:-
    makewindow(1,7,14,"Tilgung",0,0,24,80),
    write("Kredit in DM ?\n"),
    readreal(K),
    write("Jahreszinssatz in % ?\n"),
    readreal(P1),
    write("Laufzeit in ganzen Jahren? \n"),
    readint(N),
    write("Anzahl der Zinsperioden p.a.?\n"),
    readint(I),
    P = P1/(100.0*I),
    write("Periode Annuitaet   Tilgung     Zins     Restschuld\n"),
    write("----------------------------------------------------\n"),
    Q = exp(N*I*ln(1+P)),
    A = K*Q*P/(Q-1),
    T = A/Q,
    periode(1,K,T,N,I,P,A).
    periode(J,_,_,N,I,_,_):-
        J > N*I,!,
        write("Return"),readln(_).
    periode(J,K,T,N,I,P,A):-
        Z = A-T,
        K1 = K-T,
        writef("%5 %11.2f %10.2f %10.2f %11.2f\n",J,A,T,Z,K1),
        T1 = T*(1+P),
        J1 = J+1,
        periode(J1,K1,T1,N,I,P,A).
```

AEGYPT.PRO

```
/* aegypt.pro  */

/* Probleme und Loesungen mit Turbo-Prolog
   Aegytische Multiplikation zweier Zahlen
   durch Verdoppelung und Halbierung
   Aufruf z.B.: aegyptmult(73,87,P)              */

predicates
        aegyptmult(integer,integer,integer)
        produkt(integer,integer,integer)
        ausgabe(integer,integer)
```

```
clauses
        aegyptmult(A,B,P):-
            write("\t------------\n"),
            ausgabe(A,B),
            produkt(A,B,P),
            write("\t------------\n"),
            write("\t").
    produkt(_,0,0):-!.
    produkt(A,B,P):-
            0 = B mod 2,
            A1 = 2*A,
            B1 = B div 2,
            ausgabe(A1,B1),
            produkt(A1,B1,P).
    produkt(A,B,P):-
            1 = B mod 2,
            A1 = 2*A,
            B1 = B div 2,
            ausgabe(A1,B1),
            produkt(A1,B1,P1),
            P = P1 +A.
    ausgabe(_,B):-
            B = 0,!.
    ausgabe(A,B):-
            0 = A mod 2,
            0 = B mod 2,!,
            writef("\t% \t% \n",A,B).
    ausgabe(A1,B1):-
            writef("   --> % \t% \n",A1,B1).
```

WECHSEL.PRO

```
/* wechsel.pro */

/* Probleme und Loesungen mit Turbo-Prolog */

/* Rekursive Berechnung von Muenzwechsel-
   problemen
   Gegebene Muenzen hier :1,2,5,10,50 Pf.
   Die Anzahl der Wechselmoeglichkeiten von
   1 DM erhaelt man durch den Programm-Aufruf:
        wechsel_moegl(100,Anzahl)
```

```
        Es ergibt sich hier Anzahl= 2498; d.h. eine
        DM kann auf 2498 Arten in Ein-,Zwei-,
        Fuenf-,Zehn- und Fuenfzig-Pfennig-
        Stuecke gewechselt werden.                    */


domains
        betrag,nummer,anzahl,wert = integer
predicates
        wechsel_moegl(betrag,anzahl)
        moegl(betrag,nummer,anzahl)
        muenze(nummer,wert)
clauses
        wechsel_moegl(Betrag,Anzahl):-
            moegl(Betrag,5,Anzahl).
        moegl(0,_,1):-!.
        moegl(Betrag,_,0):-
            Betrag < 0,!.
        moegl(_,0,0):-!.
        moegl(Betrag,Nummer,Anzahl):-
            muenze(Nummer,Wert),
            Teilbetr = Betrag-Wert,
            moegl(Teilbetr,Nummer,A1),
            N1 = Nummer-1,
            moegl(Betrag,N1,A2),
            Anzahl= A1+A2.
        muenze(1,1).
        muenze(2,2).
        muenze(3,5).
        muenze(4,10).
        muenze(5,50).
```

PRIMZ.PRO

```
/* primz.pro */

/* Probleme und Loesungen mit Turbo Prolog
   Eingabe z.B: primzahl(22307)   */

predicates
    primzahl(integer)
    ist_ungerade(integer)
    ist_teiler(integer,integer)
```

```
clauses
    primzahl(2):-!.
    primzahl(3):-!.
    primzahl(X):-
        X < 2,!,fail.
    primzahl(X):-
        ist_ungerade(X),
        not(ist_teiler(3,X)).
    ist_teiler(T,X):-
        T*T > X,!,fail.
    ist_teiler(T,X):-
        0 = X mod T,
        write("Teiler ist ",T),nl.
    ist_teiler(T,X):-
        0 <> X mod T,
        T1 = T + 2,
        ist_teiler(T1,X).
    ist_ungerade(X):-
        1 = X mod 2.
```

GGT.PRO

```
/* ggt.pro */

/* Probleme und Loesungen in Turbo-Prolog

   Berechnung von  ggt & kgv
   Aufruf z.B. ggt(231,374,GGT)
               kgv(231,374,KGV)
   ggt(242,374,121) wird bestimmt durch
       ggt(242,374,T),ggt(T,121,GGT)     */


predicates
           ggT(integer,integer,integer)
           kgv(integer,integer,integer)


clauses
           ggt(A,0,C) :-
                   C = A,!.
           ggt(A,B,C) :-
                   B > 0,
                   R = A mod B,
                   A1 = B,
                   ggt(A1,R,C).
```

```
            kgv(A,B,C) :-
                    ggt(A,B,R),
                    C = (A*B) div R.
```

WUERFEL.PRO

```
/*  wuerfel.pro   */

/* Probleme und Loesungen in Turbo-Prolog
   Wuerfelsimulation mittels Zufallszahlen
   moeglicher Aufruf : wuerfeln(1200)   */

domains
          zaehler = integer*

predicates
        wuerfeln(integer)
        werfen(integer,zaehler)
        wurf(integer,zaehler,zaehler)
        erhoehe(integer,zaehler,zaehler)
        zaehler_stand(zaehler)

clauses
        wuerfeln(N):-
            Z=[0,0,0,0,0,0],
            werfen(N,Z).
        werfen(0,Z):-
            zaehler_stand(Z),!.
        werfen(N,Z):-
            N > 0,
            wurf(_,Z,Z0),
            N1 = N-1,
            werfen(N1,Z0).
        wurf(X,Z,Z0) :-
            random(Y),
            X =round(6*Y+0.5),
            write(X," "),
            erhoehe(X,Z,Z0).
        erhoehe(1,L,L1):-
            L = [Z1|Z2],
            Z = Z1+1,
            L1 = [Z|Z2],!.
```

```
      erhoehe(N,L,L1):-
            L = [Z1|Z2],
            N1 = N-1,
            erhoehe(N1,Z2,L2),
            L1 = [Z1|L2].
      zaehler_stand(Z):-
            write("\n\tHaeufigkeiten:\n"),
            write("\t-------------\n"),
            Z = [Z1,Z2,Z3,Z4,Z5,Z6],
            writef("[%3 %3 %3 %3 %3 %3]\n",Z1,Z2,Z3,Z4,Z5,Z6).
```

2.2 Rekursion

ARITH.PRO

```
/* arith.pro */

/* Probleme und Loesungen mit Turbo-Prolog
   Rekursive Definitionen der natuerlichen
   Zahlen und der Grundrechenarten
   Aufrufe z.B.:  natuerlich(27)
            add(15,27,Summe)
            mult(17,23,Produkt)
            potenz(2,10,Potenz)          */


predicates
            natuerlich(integer)
            add(integer,integer,integer)
            mult(integer,integer,integer)
            potenz(integer,integer,integer)
clauses
            add(A,0,C):-
                  C = A,!.
            add(A,B,C) :-
                  B1 = B -1,
                  add(A,B1,C1),
                  C = C1 + 1.
            mult(A,1,C):-
                  C = A,!.
            mult(A,B,C) :-
                  B1 = B -1,
                  mult(A,B1,C1),
                  C = C1 + A.
```

```
          potenz(_,0,C):-
                C = 1,!.
          potenz(A,B,C) :-
                B1 = B -1,
                potenz(A,B1,C1),
                C = C1 * A.
          natuerlich(0).
          natuerlich(X):-
                  natuerlich(X1),
                X = X1+1.
```

FIBO.PRO

```
/* fibo.pro */

/* Probleme und Loesungen mit Turbo-Prolog

   Beispiele zur Berechnung der Fibonacci-Zahlen:
   (1) durch Rekursion
   (2) durch Umformung der Rekursion in ein
       iteratives Schema
   (3) durch direkte Berechnung nach der Formel
       von Binet
   moegliche Aufrufe:
           fib1(15,F)     Stackoverflow bei 16
           fib2(22,F)     Integer-Overflow bei 23
           fib3(22,F)     Integer-Overflow bei 23 */

predicates
       fib1(integer,integer)
       fib2(integer,integer)
       iteration(integer,integer,integer,integer,integer)
       fib3(integer,integer)

clauses
       fib1(0,1).
       fib1(1,1).
       fib1(N,F):-
           N > 1,
           N1 = N-1,
           fib1(N1,F1),
           N2 = N1-1,
           fib1(N2,F2),
           F = F1+F2.
```

```
    fib2(N,F):-
         iteration(1,N,1,1,F).
    iteration(M,N,_,F2,F2):-
        M >= N.
    iteration(M,N,F1,F2,F):-
        M < N,
        M1 = M+1,
        F3 = F1+F2,
        iteration(M1,N,F2,F3,F).
    fib3(N,F):-  /* vereinfachte Formel von Binet */
        P = (1+sqrt(5))/2.0,
        Q = exp((N+1)*ln(P))/sqrt(5),
        F = round(Q).
```

PARTIT.PRO

```
/*  partit.pro  */

/* Probleme und Loesungen in Turbo-prolog */

/* Die Anzahl der Zerlegung der Zahl m in Summan-
   den <= n sei partit(m,n). Dann gelten folgende
   Bedingungen :
   (1) partit(m,1) = 1
   (2) partit(1,n) = 1
   (3) partit(m,n) = partit(m,m) fuer m < n
   (4) partit(m,m) = partit(m,m-1)+1
   (5) partit(m,n) = partit(m,n-1)+partit(m-n,n) fuer m>n
   Aus diesen 5 Bedingungen laesst an die Anzahl der
   Partitionen partition(m) einer Zahl m berechnen :
   Es gilt :  partition(m) = partit(m,m)
   (1) und (2) dienen als Rekursionsanfang.
   Die Zahl 6 hat 11 Partionen:
   6 = 6 = 5+1 = 4+2 = 4+1+1 = 3+3 = 3+2+1 = 3+1+1+1
     = 2+2+2 = 2+2+1+1 = 2+1+1+1+1 = 1+1+1+1+1+1.
   moeglicher Aufruf partition(10,P)                    */


predicates
        partition(integer,integer)
        partit(integer,integer,integer)
clauses
        partition(M,X):-
                N = M,
                partit(M,N,X).
```

```
        partit(_,1,1):-!.
        partit(1,_,1):-!.
        partit(M,N,X):-
              M < N,
              N1 = M,
              partit(M,N1,X).
        partit(M,N,X):-
              M = N,
              N1 = N-1,
              partit(M,N1,X1),
              X = X1+1.
        partit(M,N,X):-
              M > N,
              N1 = N-1,
              partit(M,N1,X2),
              M2 = M-N,
              partit(M2,N,X3),
              X = X2+X3.
```

REVERSE.PRO

```
/* reverse.pro  */

/* Probleme und Loesungen in Turbo-Prolog

Das Umkehren der Reihenfolge von Listenelementen
ist ein bekanntes rekursives Verfahren; es wird daher
gern fuer Benchmark-Tests benützt.
vgl. Bild
siehe auch benchmk2.pro und liste.pro                 */

predicates
        reverse(string)
        eingabe

goal
        makewindow(1,14,2,"reverse.pro",5,10,10,55),
        eingabe.
clauses
        reverse(W):-
           frontstr(1,W,A,R),
           R="",
           write(A).
```

```
reverse(W):-
   frontstr(1,W,A,R),
   reverse(R),
   write(A).
eingabe:-
   write("Geben Sie ein Wort ein !(->RETURN)\n"),
   readln(Wort),
   write("\nDas Wort lautet rueckwaerts gelesen:\n"),
   reverse(Wort).
```

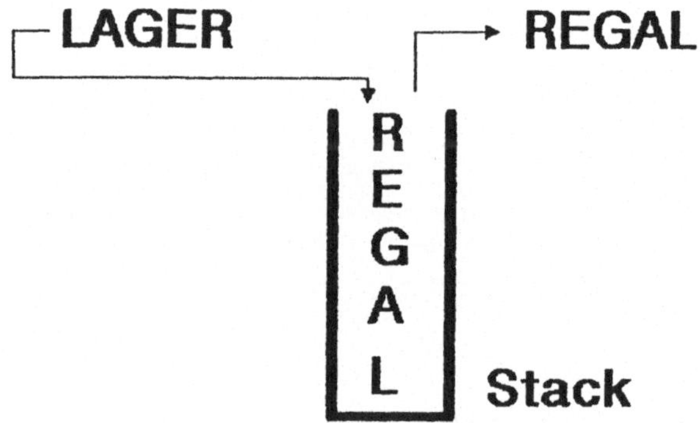

Bild 2.2 Umdrehen eines Wortes

SIMPSON.PRO

```
/*   simpson.pro   */

/* Probleme und Loesungen mit Turbo-Prolog
   Numerische Integration einer Funktion
   als Beispiel einer Real-Arithmetik
   Aufruf z.B.: integral(0,1,30,Pi)
   0,1 sind hier die Integrationsgrenzen
   30 ist hier die Zahl der Teilintervalle
   Es wird jeweils die im Praedikat funktion(X,F)
   stehende Funktion integriert
   Es ergibt sich hier Kreiszahl Pi=3.1415926535      */
```

```
predicates
          integral(real,real,integer,real)
          simpson(real,real,integer,integer,real)
          funktion(real,real)

clauses
          integral(A,B,N,S):-
               K = 1,
                simpson(A,B,K,N,S).
          simpson(A,B,K,N,S):-
             N = K,!,
             funktion(A,F1),
             funktion(B,F2),
             H = (B-A)/N,
             S = (F1+F2)*H/3.
          simpson(A,B,K,N,S):-
             1 = K mod 2,
             H = (B-A)/N,
             X = A+K*H,
             funktion(X,F),
             K1 =K+1,
             simpson(A,B,K1,N,S1),
             S = S1+F*H*4/3.
          simpson(A,B,K,N,S):-
             0 = K mod 2,
             H = (B-A)/N,
             X = A+K*H,
             funktion(X,F),
             K1 =K+1,
             simpson(A,B,K1,N,S1),
             S = S1+F*H*2/3.
          funktion(X,F):- /* Integrand */
             F = 4/(X*X+1).
```

2.3 Turtle-Graphik

BAUM1.PRO

```
/*  baum1.pro */

/* Probleme und Loesungen in Turbo-Prolog
   Turtle-Graphik  */

predicates
          baum1(integer,integer,integer)

goal
          penpos(30000,18000,180),
          graphics(2,0,1),
          baum1(1600,15,8).

clauses
          baum1(_,_,0):- !.
          baum1(L,W,T):-
              left(W),
              L1=2*L,
              forward(L1),
              T1=T-1,
              baum1(L,W,T1),
              back(L1),
              W1=2*W,
              right(W1),
              forward(L),
              baum1(L,W,T1),
              back(L),
              left(W).
```

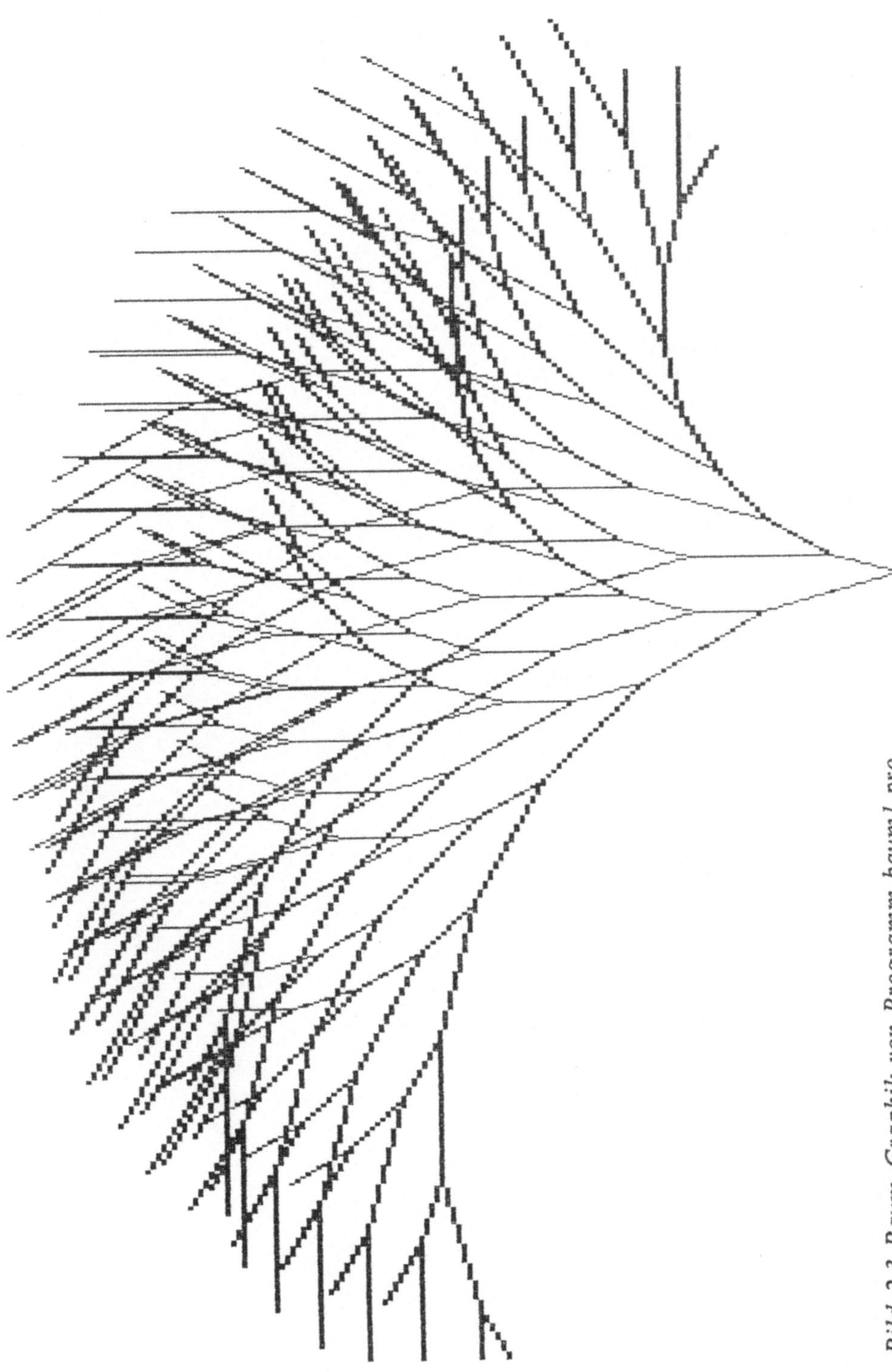

Bild 2.3 Baum–Graphik von Programm baum1.pro

BAUM2.PRO

```
/* baum2.pro  */

/* Probleme und Loesungen in Turbo-Prolog
     Turtle-Graphik Binaerbaum  */

predicates
          baum2(integer)

goal
          graphics(2,0,1),
          penpos(29000,15000,180),
          forward(5500),
          baum2(5000).

clauses
          baum2(L):-
            L < 150,!.
          baum2(L):-
              left(45),
              forward(L),
              L1 = round(L/sqrt(2)),
              baum2(L1),
              back(L),
              right(90),
              forward(L),
              baum2(L1),
              back(L),
              left(45).
```

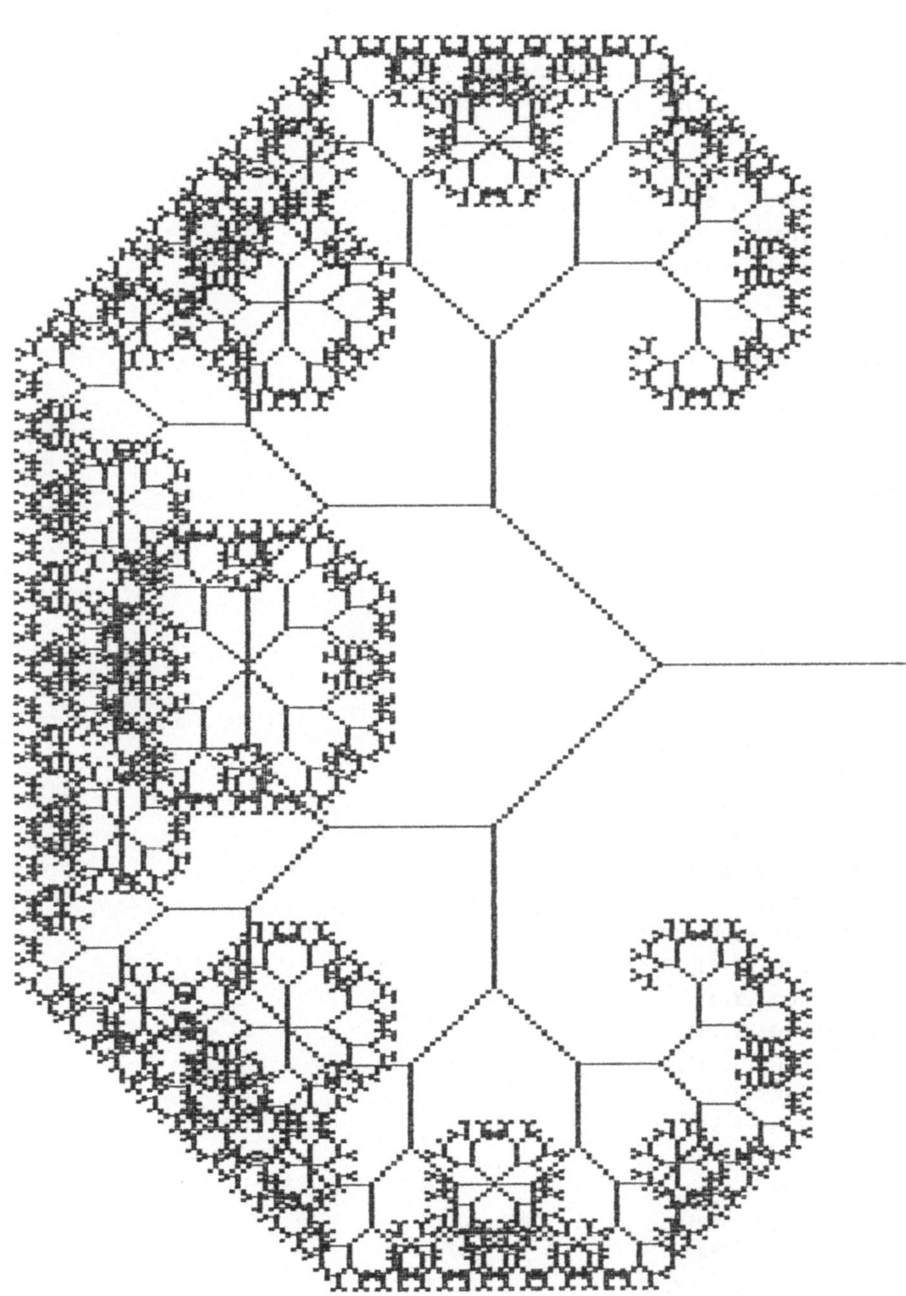

Bild 2.4 Binärbaum von Programm baum2.pro

BAUM3.PRO

```
/*  baum3.pro  */

/* Probleme und Loesungen in Turbo-Prolog
   Turtle-Graphik Pythagoras-Baum     */

predicates
      baum3(real,real,real,real,integer)
      draw(real,real,real,real)
      real_int(real,integer)

goal
      graphics(2,0,1),
      baum3(-1600,0,800,0,8).

clauses
      baum3(_,_,_,_,T):-
          T <= 0.
      baum3(A1,A2,B1,B2,T):-
          T > 0,
          N1 = A2-B2, N2=B1-A1,
          C1 = B1+N1, C2=B2+N2,
          D1 = A1+N1, D2=A2+N2,
          draw(A1,A2,B1,B2),
          draw(B1,B2,C1,C2),
          draw(C1,C2,D1,D2),
          draw(D1,D2,A1,A2),
          E1 = D1+0.36*(C1-D1)+0.48*N1,
          E2 = D2+0.36*(C2-D2)+0.48*N2,
          T1 = T-1,
          baum3(E1,E2,C1,C2,T1),
          baum3(D1,D2,E1,E2,T1).
     draw(X1,Y1,X2,Y2):-
          real_int(X1,U1),
          real_int(Y1,V1),
          real_int(X2,U2),
          real_int(Y2,V2),
          R1 = 16000+2*U1,
          R2 = 16000+2*U2,
          S1 = 32000-3*V1,
          S2 = 32000-3*V2,
          line(S1,R1,S2,R2,1).
      real_int(X,Y):-
          Y = X+0.5.
```

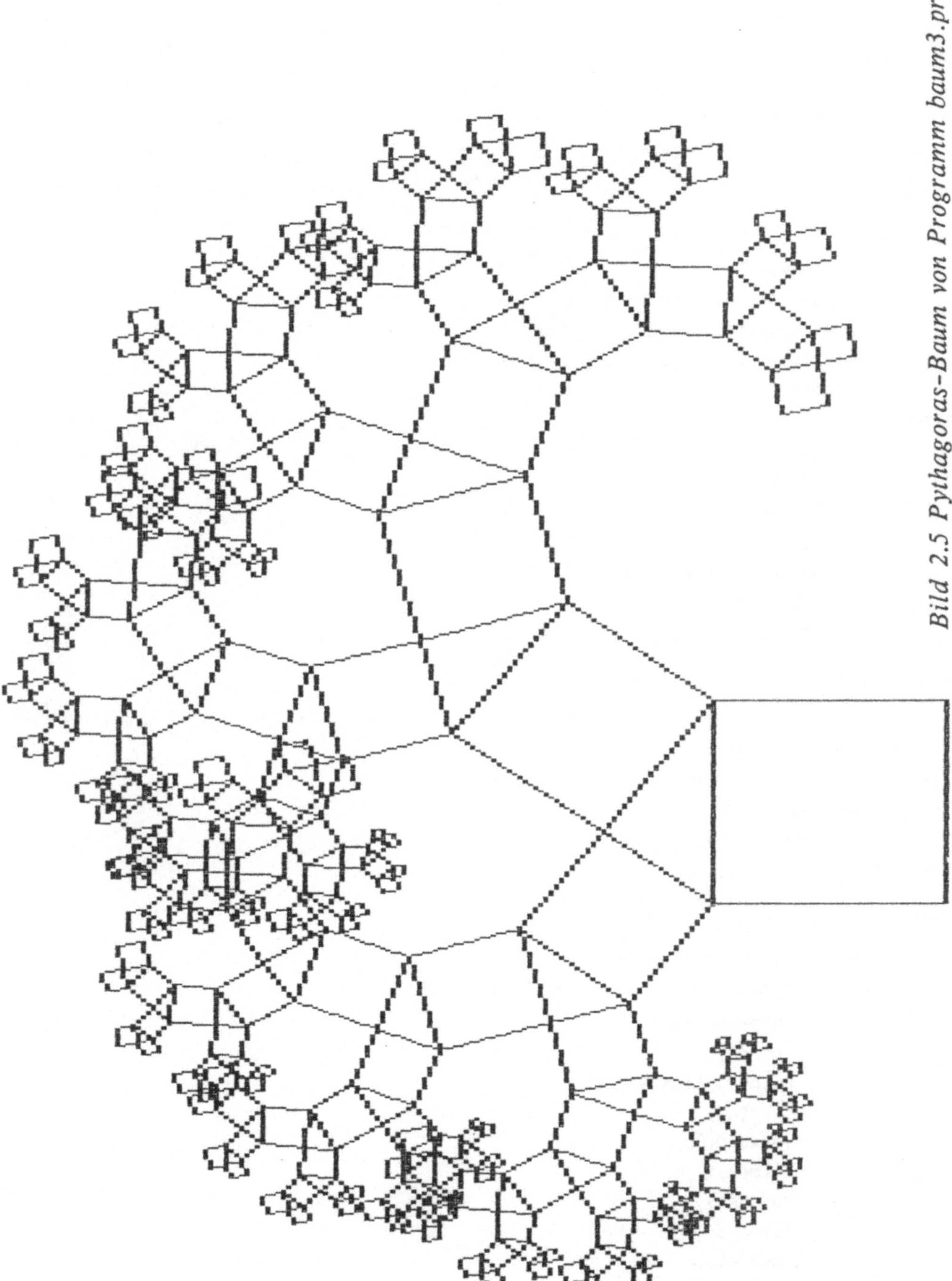

Bild 2.5 Pythagoras-Baum von Programm baum3.pro

HILBERT.PRO

```
/* hilbert.pro   */

/* Probleme und Loesungen in Turbo-Prolog
   Turtle-Graphik : Hilbert-Kurve
   Aufruf: hilbert(6)                    */

predicates
        turn(symbol)
        entgegen(symbol,symbol)
        zweierpotenz(integer,integer)
        hilb(symbol,integer,integer,integer)
        hilbert(integer)
clauses
        hilbert(N):-
           zweierpotenz(N,P),
           B = 24000 div P,
           graphics(2,0,1),
           penpos(30000,30000,180),
           hilb(left,0,N,B),
           write("Return"),
           readln(_),text.
        turn(left):-
            !,left(90).
        turn(right):-
            !,right(90).
        entgegen(left,right).
        entgegen(right,left).
        hilb(_,T,Max,_):-
            T = Max,!,
            left(180).
        hilb(R,T,M,B):-
            !,T1 = T+1,
            entgegen(R,R1),
            turn(R),
            hilb(R1,T1,M,B),
            turn(R),
            forward(B),
            hilb(R,T1,M,B),
            turn(R1),
            forward(B),
            turn(R1),
            hilb(R,T1,M,B),
```

```
        forward(B),
        turn(R),
        hilb(R1,T1,M,B),
        turn(R).
zweierpotenz(0,1).
zweierpotenz(E,R):-
        !,E1 = E-1,
        zweierpotenz(E1,R1),
        R = 2*R1.
```

Bild 2.6 Hilbertkurve von Programm hilbert.pro

SCHNEEFL.PRO

```
/* schneefl.pro */

/*  Probleme und Loesungen in Turbo-Prolog

    Turtle-Graphik
    Schneeflocken-Kurve
    Rekursionstiefe max.4 bei Stack = 4000      */

predicates
        koch(integer,integer)
        schneeflocke(integer,integer)

goal
        graphics(2,0,1),
        penpos(30000,20000,180),
        schneeflocke(20000,4).

clauses
        koch(G,S):-
            S = 0,
            forward(G).
        koch(G,S):-
            S > 0,
            S1 = S-1,
            G1 = G div 3,
            koch(G1,S1),
            right(60),
            koch(G1,S1),
            right(-120),
            koch(G1,S1),
            right(60),
            koch(G1,S1).
        schneeflocke(G,S):-
            koch(G,S),
            right(-120),
            koch(G,S),
            right(-120),
            koch(G,S),
            right(-120).
```

Bild 2.7 Schneeflockenkurve von Programm schneefl.pro

DRAGON.PRO

```
/*  dragon.pro */

/* Probleme und Loesungen mit Turbo-Prolog */

predicates
        dragon(integer)
goal
        graphics(2,0,1),
        penpos(11500,22000,0),
        dragon(10).
clauses
        dragon(0):-
            forward(500).
        dragon(N) :-
            N > 0,
            N1 = N - 1,
            dragon(N1),
            right(90),
            N2 = -N + 1,
            dragon(N2).
        dragon(N) :-
            N < 0,
            N1 = -N - 1,
            dragon(N1),
            right(270),
            N2 = N + 1,
            dragon(N2).
```

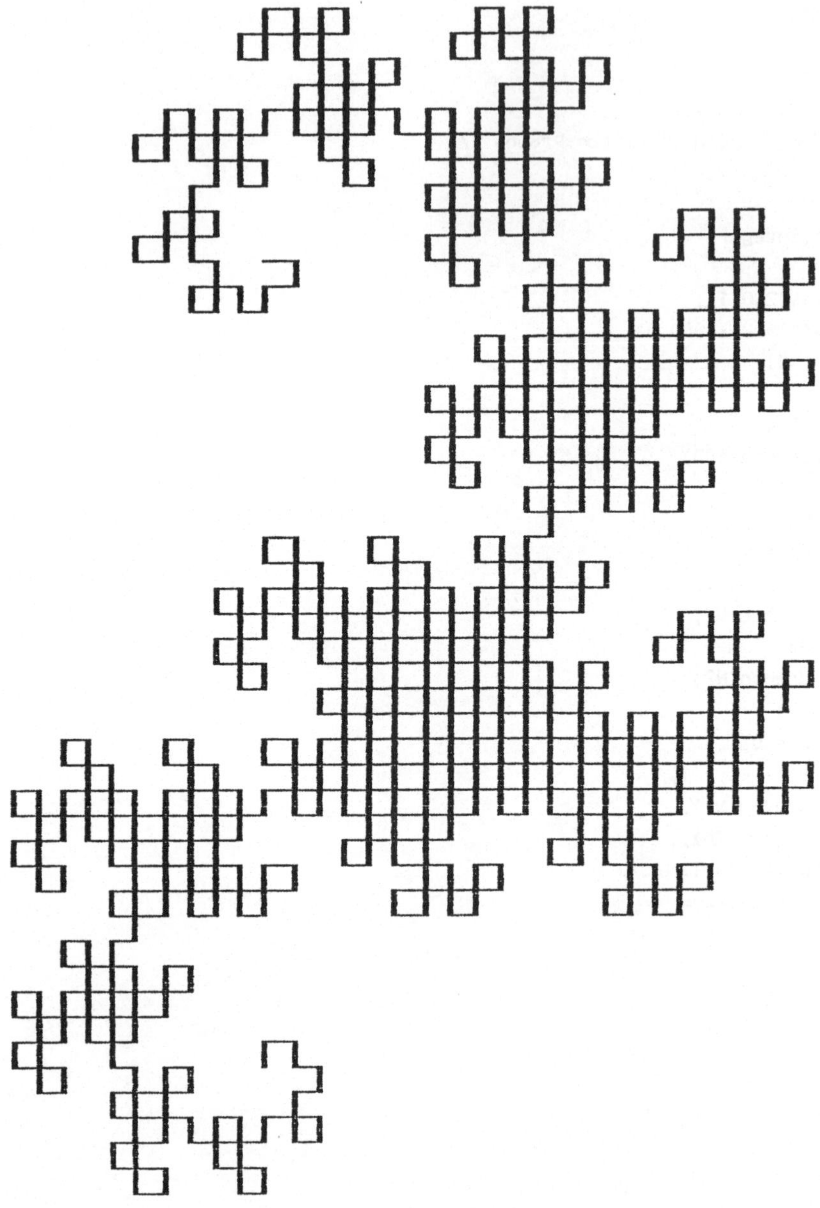

Bild 2.8 Drachenkurve von Programm dragon.pro

2.4 Logik

WAHR.PRO

```
/* wahr.pro */

/* Probleme und Loesungen in Turbo-Prolog */

/* Wahrheitswert-Tabelle der Aussageverknuepfungen:
   Und,Oder,Aequivalenz,Ausschliessendes Oder und
   Implikation. Die Wahrheitswerte werden wie
   folgt codiert :
           wahr = 1 ,falsch=0                    */


nowarnings
domains
           boolean = integer

predicates
           and_(boolean,boolean,boolean)
           or_(boolean,boolean,boolean)
           xor(boolean,boolean,boolean)
           eqv(boolean,boolean,boolean)
           imp(boolean,boolean,boolean)
           setze(boolean,boolean)
           tabelle
goal
        tabelle.
clauses
        and_(0,0,0).
        and_(0,1,0).
        and_(1,0,0).
        and_(1,1,1).
        or_(0,0,0).
        or_(0,1,1).
        or_(1,0,1).
        or_(1,1,1).
        imp(0,0,1).
        imp(0,1,1).
        imp(1,0,0).
        imp(1,1,1).
        xor(1,1,0).
        xor(1,0,1).
        xor(0,1,1).
        xor(0,0,0).
```

```
eqv(0,0,1).
eqv(0,1,0).
eqv(1,0,0).
eqv(1,1,1).
setze(_,0).
setze(_,1).
tabelle:-
makewindow(1,7,14,"wahr.pro",5,5,12,60),
write("\Wahrheitswert-Tabelle\n\n"),
write("  A     B    AvB   A&B  A->B  B->A AeqvB  AxorB\n"),
write("------------------------------------------------\n"),
setze(A,A1), /* freie Variable */
setze(B,B1),
or_(A1,B1,C),
and_(A1,B1,D),
imp(A1,B1,E),
imp(B1,A1,F),
eqv(A1,B1,G),
xor(A1,B1,H),
writef("%4 %5 %5 %5 %5 %5 %5 %5\n",A1,B1,C,D,E,F,G,H),
fail.
```

BOOL.PRO

```
/* bool.pro */

/* Probleme und Loesungen mit Turbo-Prolog
    Umwandlung von Booleschen Termen
    gemaess den Distributiv-,Assoziativ-
    und De-Morganschen-Gesetzen
    Eingabe : Start
    moegl.Ausdruecke  nicht(A oder B)
            (A oder B) und C
            (A und B) oder C        */


predicates
    transform(string)
    start
    ist_und_oder(symbol)
    nicht(symbol,symbol)
```

```
clauses
    start:-
       write("Gib Ausdruck ein : "),nl,
       readln(E),
       transform(E).
    transform(S):-
       fronttoken(S,T,S1),
       T="(",
       fronttoken(S1,P,S2),
       fronttoken(S2,Op,S3),
       ist_und_oder(Op),
       fronttoken(S3,Q,S4),
       fronttoken(S4,")",S5),
       fronttoken(S5,Op2,S6),
       Op2=Op,
       fronttoken(S6,R,_),
       write(P," ",Op," (",Q," ",Op2," ",R,")"),nl,!.
    transform(S):-
       fronttoken(S,T,S1),
       T="(",
       fronttoken(S1,P,S2),
       fronttoken(S2,Op,S3),
       ist_und_oder(Op),
       fronttoken(S3,Q,S4),
       fronttoken(S4,")",S5),
       fronttoken(S5,Op2,S6),
       nicht(Op2,Op),
       fronttoken(S6,R,_),
       write("(",P," ",Op2," ",R," ) ",Op),
       write(" (",Q," ",Op2," ",R,")"),nl,!.
    transform(S):-
       fronttoken(S,T,S1),
       T="nicht",
       fronttoken(S1,"(",S1a),
       fronttoken(S1a,P,S2),
       fronttoken(S2,Op,S3),
       ist_und_oder(Op),
       nicht(Op,Op2),
       fronttoken(S3,Q,S4),
       fronttoken(S4,")",_),
       write("(nicht ",P,") ",Op2," (nicht ",Q,")"),nl,!.
```

```
transform(_):-
   nl,
   write("gueltige Eingaben sind z.B.:"),nl,
   write("nicht (A oder B)"),nl,
   write("(A oder B) und C"),nl,
   write("(A oder B) oder C"),nl,nl.
ist_und_oder(O):-
   O = "und".
ist_und_oder(O):-
   O = "oder".
nicht(O,P):-
   O = "und",
   P = "oder".
nicht(O,P):-
   O = "oder",
   P = "und".
```

ADDIERER.PRO

```
/* addierer.pro */

/* Probleme und Loesungen in Turbo-Prolog
   Simulation eines Serienaddierers
   1 Byte wird als Liste von 8 Bit aufgefasst
   Aufruf z.B.
   serienadd([1,1,0,1,0,1,0,1],[0,1,1,0,0,1,1,0],S) */

domains
        bit = integer
        byte = bit*

predicates
        and_(bit,bit,bit,bit)
        or_(bit,bit,bit,bit)
        not_(bit,bit)
        volladd(bit,bit,bit,bit)
        uebertrag(bit,bit,bit,bit)
        serienadd(byte,byte,byte)
        addiere(byte,byte,bit,byte)
        reverse(byte,byte)
        append(byte,byte,byte)
```

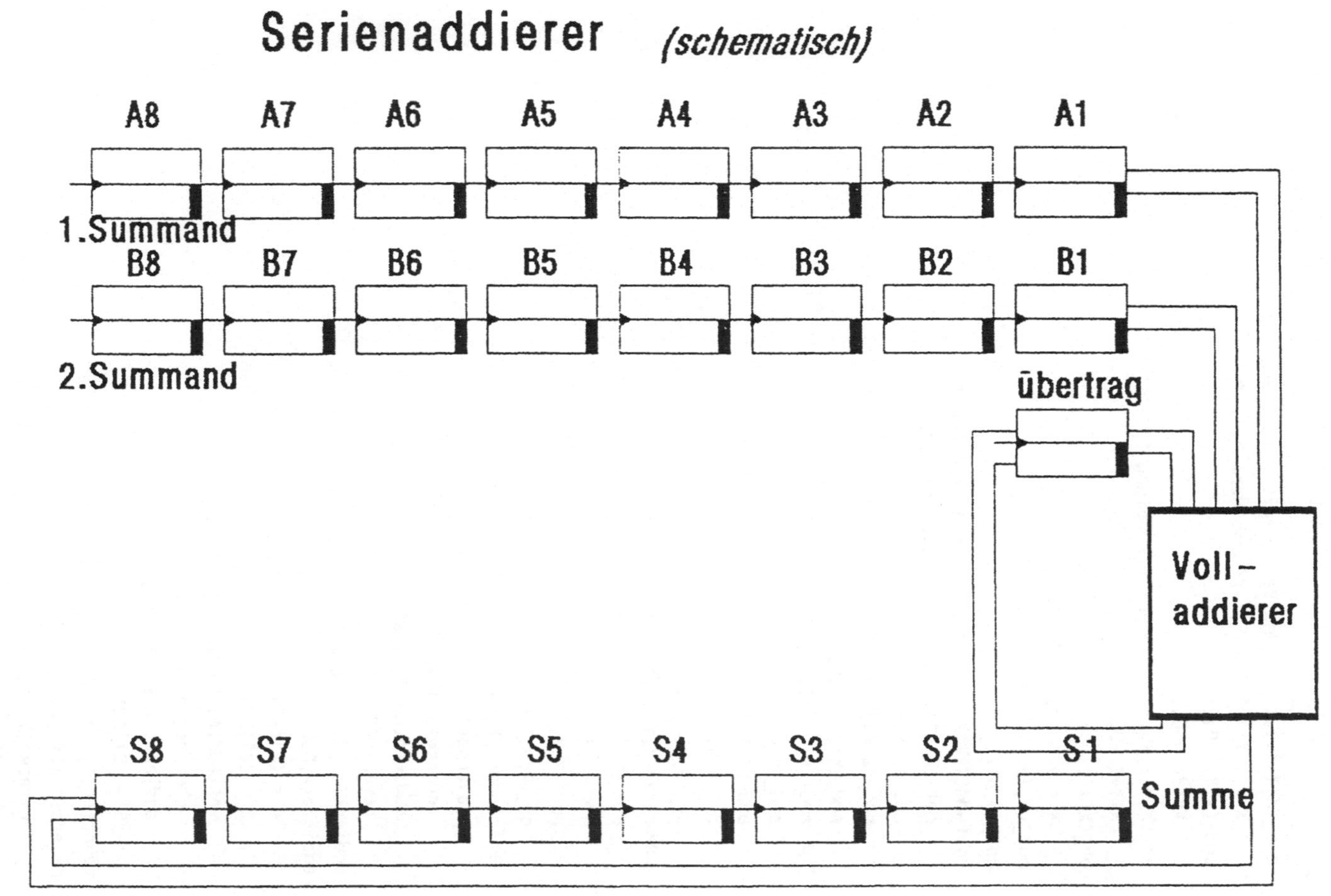

Bild 2.9 Serienaddierer

```
clauses
      and_(X,Y,Z,1):- /* Und-Verknuepfung fuer 2 Bit*/
          X = 1,Y = 1,Z = 1.   /* und Uebertrag */
      and_(X,Y,Z,0):-
          X*Y*Z = 0.
      or_(X,Y,Z,1):-   /* Oder-Verknüpfung */
          X+Y+Z >0.
      or_(X,Y,Z,0):-
          X = 0,Y =0,Z = 0.
      not_(0,1).
      not_(1,0).
      volladd(X,Y,Z,A):- /* Schaltfunktion des */
          not_(X,X1),      /*  Volladdierers */
          not_(Y,Y1),
          not_(Z,Z1),
          and_(X1,Y1,Z,R),
          and_(X1,Y,Z1,S),
          and_(X,Y1,Z1,T),
          and_(X,Y,Z,U),
          or_(R,S,T,V),
          or_(U,V,0,A).
      uebertrag(X,Y,Z,U):- /* Schaltfunktion */
          and_(1,Y,Z,R),    /* d. Uebertrags  */
          and_(X,1,Z,S),
          and_(X,Y,1,T),
          or_(R,S,T,U).
   serienadd(A,B,S):-
          reverse(A,A0),
          reverse(B,B0),
          addiere(A0,B0,0,S1),
          reverse(S1,S).
   addiere([],[],_,[]).
   addiere(A,B,U,S):-
          A = [A1|A2],
          B = [B1|B2],
          volladd(A1,B1,U,S1),
          uebertrag(A1,B1,U,U1),
          addiere(A2,B2,U1,S2),
          S = [S1|S2].
   reverse([],[]).
   reverse([X|Y],Z) :-
          reverse(Y,U),
          append(U,[X],Z).
```

```
       append( [] ,Z,Z) :-!.
       append( [X|Y] ,Z, [X|U] ) :-
              append(Y,Z,U).
```

PARTY.PRO

```
/*  party.pro */

/* Probleme und Loesungen in Turbo-Prolog */

/*  5 Leute kommen unter folgenden Bedingungen
        zu einer Party:
        (1) Wenn A nicht kommt,dann D.
        (2) B kommt nur mit D oder gar nicht.
        (3) Wenn A kommt,dann auch C und D.
        (4) Wenn C kommt dann auch E.
        (5) B kommt ,wenn E nicht kommt und umgekehrt.
    Wer kommt zur Party ?
    Eingabe : party(A,B,C,D,E)
*/

domains
       boolean = integer

predicates
       not_(boolean,boolean)
       imp(boolean,boolean,boolean)
       xor(boolean,boolean,boolean)
       eqv(boolean,boolean,boolean)
       party(boolean,boolean,boolean,boolean,boolean)

clauses
        not_(1,0).
        not_(0,1).
        imp(0,0,1).
        imp(0,1,1).
        imp(1,0,0).
        imp(1,1,1).
        xor(1,1,0).
        xor(1,0,1).
        xor(0,1,1).
        xor(0,0,0).
        eqv(0,0,1).
        eqv(0,1,0).
        eqv(1,0,0).
```

```
        eqv(1,1,1).
        party(A,B,C,D,E):- /* alle Beding.wahr=1 */
                not_(A,A1),
                imp(A1,D,1), /* Beding.(1) */
                imp(A,D,1),  /* Beding.(2) */
                imp(A,C,1),  /* Beding.(2) */
                eqv(B,D,1),  /* Beding.(3) */
                imp(C,E,1),  /* Beding.(4) */
                xor(B,E,1).  /* Beding.(5) */
```

FLIPFLOP.PRO √

```
/* flipflop.pro */

/* Probleme und Loesungen mit Turbo Prolog */

/* Das Programm simuliert die Wirkungsweise eines
   D-Flipflops. Legt man an das Flipflop eine
   periodische Rechtecksschwingung, so wird die
   Frequenz dieser Schwingung halbiert.
   Die Schwingung ist als Liste von
   0 oder 1 (1 = High, 0 = Low) einzugeben.
   Die Schalttafel des Flipflops hat das Format:
       fflop(Input,Takt,Zust_vor,Zust_nach)
              fflop(1,0,1,1)
              fflop(1,0,0,0)
              fflop(0,0,1,1)
              fflop(0,0,0,0)
              fflop(1,1,1,1)
              fflop(1,1,0,1)
              fflop(0,1,1,0)
              fflop(0,1,0,0)
   d.h. das Flipflop schaltet jeweils an der Flanke
   0 -> 1 (vgl.Abb.)

   Beispiel: Der Aufruf
   flipflop([1,1,1,1,1,1,1,1],Q)
   liefert Q = [1,0,1,0,1,0,1,0].        */

domains
        bit = integer
        signal = bit*
```

```
predicates
      invert(bit,bit)
      fflop(bit,bit,bit,bit)
      freq_halb(signal,bit,signal)
      halbiere(bit,bit,bit)
      flipflop(signal,signal)

clauses
      invert(0,1).
      invert(1,0).
      fflop(1,0,1,1).
      fflop(1,0,0,0).
      fflop(0,0,1,1).
      fflop(0,0,0,0).
      fflop(1,1,1,1).
      fflop(1,1,0,1).
      fflop(0,1,1,0).
      fflop(0,1,0,0).
      freq_halb([],_,[]).
      freq_halb([P|P1],S,[Q|Q1]):-
            halbiere(P,S,Q),
            freq_halb(P1,Q,Q1).
      halbiere(X,Q,Y):-
            invert(Q,D),
            fflop(D,X,Q,Y).
      flipflop(P,Q):-
            freq_halb(P,0,Q).
```

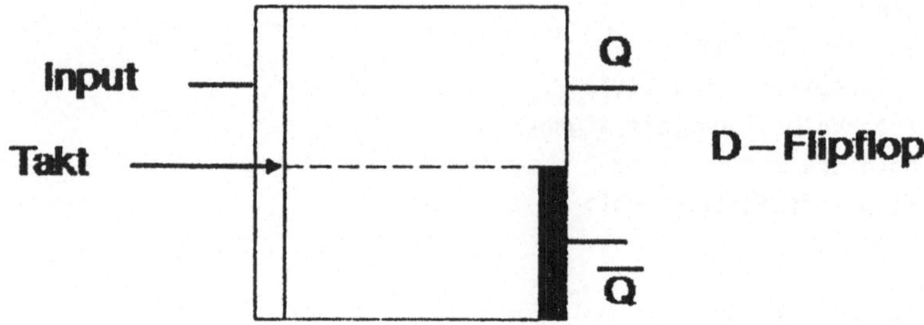

Frequenz – Halbierung mit D – Flipflop

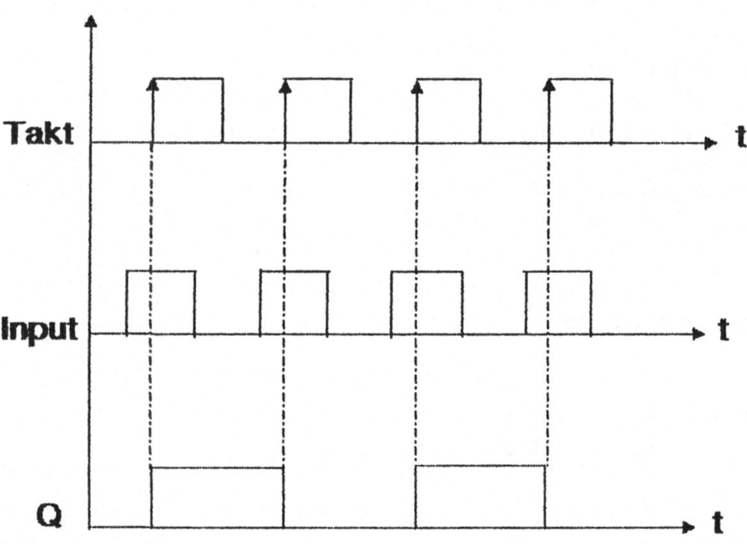

Bild 2.10 flipflop.pro

2.5 Knobeleien

ZEBRA.PRO

```
/* zebra.pro  */

/* Probleme und Loesungen in Turbo-Prolog
   Es wird das bekannte Problem: Wer besitzt
   das Zebra ? geloest. Dieses erschien vor
   ca. 20 Jahren in der Zeitschrift Life     */

domains
        person = symbol

predicates
        hat_linken_Nachbarn(person,person)
        wohnt_rechts_von(person,person)
        wohnt_neben(person,person)
        ist_ungleich(person,person)
        ist_verschieden(person,person,person,person,person)
        identisch(person,person)
        zebra

goal
        zebra.

clauses
        hat_linken_Nachbarn(rechts,halbrechts).
        hat_linken_Nachbarn(halbrechts,mitte).
        hat_linken_Nachbarn(mitte,halblinks).
        hat_linken_Nachbarn(halblinks,links).
        wohnt_neben(X,Y):-
                hat_linken_Nachbarn(X,Y).
        wohnt_neben(X,Y):-
                hat_linken_Nachbarn(Y,X).
        wohnt_rechts_von(X,Y):-
                hat_linken_Nachbarn(X,Y).
        wohnt_rechts_von(X,Y):-
                hat_linken_Nachbarn(X,Z),
                wohnt_rechts_von(Z,Y).
        ist_ungleich(X,Y):-
                wohnt_rechts_von(X,Y).
        ist_ungleich(X,Y):-
                wohnt_rechts_von(Y,X).
```

```prolog
            ist_verschieden(X1,X2,X3,X4,X5):-
                    ist_ungleich(X1,X2),
                    ist_ungleich(X1,X3),
                    ist_ungleich(X1,X4),
                    ist_ungleich(X1,X5),
                    ist_ungleich(X2,X3),
                    ist_ungleich(X2,X4),
                    ist_ungleich(X2,X5),
                    ist_ungleich(X3,X4),
                    ist_ungleich(X3,X5),
                    ist_ungleich(X4,X5).
            identisch(_,_).


zebra :-
      hat_linken_Nachbarn(Gruenes_Haus,Beiges_Haus),
      identisch(Englaender,Rotes_Haus),
      identisch(Spanier,Hundebesitzer),
      identisch(Kaffeetrinker,Gruenes_Haus),
      identisch(Ukrainer,Teetrinker),
      identisch(Winstonraucher,Schlangenbesitzer),
      identisch(Koolraucher,Gelbes_Haus),
      identisch(Milchtrinker,mitte),
      identisch(Norweger,links),
      identisch(Luckystrikeraucher,Ojtrinker),
      identisch(Japaner,Parliamentraucher),
      wohnt_neben(Chesterfieldraucher,Fuchsbesitzer),
      wohnt_neben(Norweger,Blaues_Haus),
      wohnt_neben(Koolraucher,Pferdebesitzer),
      ist_verschieden(Gruenes_Haus,Gelbes_Haus,Rotes_Haus,
                Beiges_Haus,Blaues_Haus),
      ist_verschieden(Zebrabesitzer,Fuchsbesitzer,Pferdebesitzer,
                Schlangenbesitzer,Hundebesitzer),
      ist_verschieden(Ojtrinker,Milchtrinker,Teetrinker,
                Kaffeetrinker,Wassertrinker),
      ist_verschieden(Englaender,Spanier,Norweger,Japaner,
                Ukrainer),
      ist_verschieden(Koolraucher,Winstonraucher,Parliamentraucher,
                Luckystrikeraucher,Chesterfieldraucher),
      write("------Loesung--------\n"),
      write("Das Zebra gehoert ins Haus ",Zebrabesitzer),nl,
      write("Die Nationalitaeten: Englaender,Spanier,Norweger,"),
      write("Japaner,Ukrainer\n"),
      write("wohnen wie folgt:\n"),
      writef("% % % % %\n",Englaender,Spanier,
          Norweger,Japaner,Ukrainer).
```

LUEGNER.PRO

```
/* luegner.pro */

/* Probleme und Loesungen mit Turbo-Prolog */

/* Luegner-Problem :
   Anton sagt: "Berta luegt"
   Berta sagt: "Caesar luegt"
   Caesar sagt: "Anton und Berta luegen beide".
   Wer sagt nun die Wahrheit ?
   Wer luegt ?

   Zu beachten ist, dass es, wenn C luegt
   3 Moeglichkeiten gibt:
        A spricht wahr, B luegt
        A luegt, B spricht wahr
        A und B sprechen wahr
   Aufruf: wer_luegt(Anton,Berta,Caesar)  */

domains
      person = symbol

predicates
      wer_luegt(person,person,person)
      ist_luegner(person,person)
      beide_luegen(person,person,person)

clauses
      wer_luegt(A,B,C):-
          ist_luegner(A,B),
          ist_luegner(B,C),
          beide_luegen(C,A,B).
      ist_luegner(luegt,spricht_wahr).
      ist_luegner(spricht_wahr,luegt).
      beide_luegen(spricht_wahr,luegt,luegt).
      beide_luegen(luegt,spricht_wahr,luegt).
      beide_luegen(luegt,luegt,spricht_wahr).
      beide_luegen(luegt,spricht_wahr,spricht_wahr).
```

FAEHRMAN.PRO

```
/*  faehrman.pro */

/* Probleme und Loesungen in Turbo-Prolog

   Problem Wolf,Ziege und Kohl
   graphische Loesung               */

database
      linkes_ufer(symbol)
      rechtes_ufer(symbol)
      fposition(symbol)

predicates
      bringe(symbol)
      vertraeglich
      ueberfahrt
      fluss_zeichnen
      setze_ueber(symbol,symbol)
      start
      bringelinks(symbol,integer,integer,integer)
      bringerechts(symbol,integer,integer,integer)
      pruef_position
      faehrmann(integer)

goal
     assert(rechtes_ufer(ziege)),
     assert(rechtes_ufer(kohl)),
     assert(rechtes_ufer(wolf)),
     ueberfahrt.

clauses
     ueberfahrt:-
          start,
          rechtes_ufer(X),
          bringe(X),
          linkes_ufer(ziege),
          linkes_ufer(wolf),
          linkes_ufer(kohl),
          cursor(20,8),
          fluss_zeichnen,
          cursor(22,28),write("fertig"),nl.
```

```prolog
bringe(X):-
      pruef_position,
      assert(linkes_ufer(X)),
      retract(rechtes_ufer(X)),
      setze_ueber(X,links),
      vertraeglich,!.
bringe(X):-
      linkes_ufer(Y),Y<>X,
      retract(linkes_ufer(Y)),
      setze_ueber(Y,rechts),
      assert(rechtes_ufer(Y)),!.
bringe(X):-
      retract(linkes_ufer(X)),
      setze_ueber(X,rechts),
      assert(rechtes_ufer(X)).
vertraeglich:-
      linkes_ufer(wolf),
      linkes_ufer(kohl).
vertraeglich:-
      rechtes_ufer(kohl),
      rechtes_ufer(wolf).
fluss_zeichnen:-
      line(5000,12000,25000,12000,7),
      line(5000,18000,25000,18000,7).
setze_ueber(wolf,links):-
      bringelinks(wolf,9,25,5).
setze_ueber(ziege,links):-
      bringelinks(ziege,12,25,5).
setze_ueber(kohl,links):-
      bringelinks(kohl,15,25,5).
setze_ueber(wolf,rechts):-
      bringerechts(wolf,9,5,25).
setze_ueber(ziege,rechts):-
      bringerechts(ziege,12,5,25).
setze_ueber(kohl,rechts):-
      bringerechts(kohl,15,5,25).
bringelinks(T,X1,Y1,Y2):-
      Y1=Y2,cursor(X1,Y1),
      write("              "),
      cursor(X1,Y1),
      write(T),cursor(6,Y1),
      write("              "),
      cursor(6,Y1),
      write("faehrmann"),
      assert(fposition(links)),!.
```

```
bringelinks(T,X1,Y1,Y2):-
      cursor(X1,Y1),
      write("              "),
      cursor(X1,Y1),
      write(T),cursor(6,Y1),
      write("                "),
      cursor(6,Y1),
      write("faehrmann"),
      Z=Y1-1,fluss_zeichnen,
      bringelinks(T,X1,Z,Y2).
bringerechts(T,X1,Y1,Y2):-
      Y1=Y2,Temp=Y1-1,
      cursor(X1,Temp),
      write("              "),
      cursor(X1,Y1),
      write(T),cursor(6,Temp),
      write("              "),
      cursor(6,Y1),
      write("faehrmann"),
      assert(fposition(links)),!.
bringerechts(T,X1,Y1,Y2):-
      Temp=Y1-1,
      cursor(X1,Temp),
      write("             "),
      cursor(X1,Y1),
      write(T),cursor(6,Temp),
      write("             "),
      cursor(6,Y1),
      write("faehrmann"),
      Z=Y1+1,fluss_zeichnen,
      bringerechts(T,X1,Z,Y2).
start:-
      graphics(1,0,7),
      fluss_zeichnen,
      cursor(6,25),write("faehrmann"),
      cursor(9,25),write("wolf"),
      cursor(12,25),write("ziege"),
      cursor(15,25),write("kohl"),
      cursor(1,4),
      write("Wolf,Ziege,Kohl-Problem").
pruef_position:-
      not(fposition(links)).
pruef_position:-
      faehrmann(5).
```

```
    faehrmann(Y):-
        Y=25,
        cursor(6,24),
        write("            "),
        cursor(6,25),
        write("faehrmann"),
        retract(fposition(links)),
        fluss_zeichnen,!.
    faehrmann(Y):-
        Temp=Y-1,
        cursor(6,Temp),
        write("          "),
        cursor(6,Y),
        write("faehrmann"),
        Z=Y+1,fluss_zeichnen,
        faehrmann(Z).
```

DAMEN.PRO

```
/* damen.pro  */

/* Probleme und Loesungen in Turbo-Prolog */

/* 8-Damen-Problem : Wie muessen 8 Damen auf
   ein Schachbrett gestellt werden ,damit sich
   gegenseitig nicht bedrohen ?
   Die Damen werden nach der x-Koordinate sor-
   tiert, die y-Koordinaten zu einer Liste
   zusammengefasst. Eine der 92 moeglichen
   Loesungen ist
        [1,7,5,8,2,4,6,3].
   Da Damen sich auch in den Diagonalen bedrohen,
   verwendet man nach Bratko auch Haupt- und Neben-
   diagonalen als Koordinaten (vgl. Bild).
   Aufruf : achtdamen(X)                        */

domains
        list = integer*

predicates
        achtdamen(list)
        loesung(list,list,list,list,list)
        delete(integer,list,list)
```

```
clauses
        achtdamen(S):-
            loesung(S,[1,2,3,4,5,6,7,8],
                [1,2,3,4,5,6,7,8],
                [-7,-6,-5,-4,-3,-2,-1,0,1,2,3,4,5,6,7],
                [2,3,4,5,6,7,8,9,10,11,12,13,14,15,16]).
        loesung([],[],_,_,_).
        loesung([Y|Y1],[X|Dx1],Dy,Du,Dv):-
            delete(Y,Dy,Dy1),
            U = X-Y,
            delete(U,Du,Du1),
            V = X+Y,
            delete(V,Dv,Dv1),
            loesung(Y1,Dx1,Dy1,Du1,Dv1).
        delete(A,[A|A1],A1).
        delete(A,[B|B1],[B|B2]):-
            delete(A,B1,B2).
```

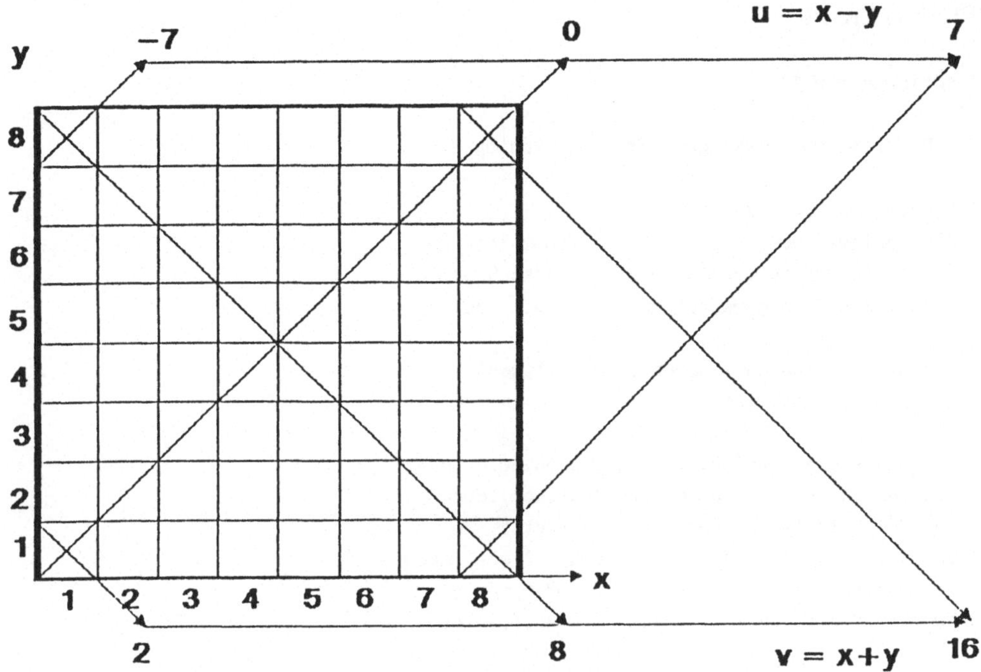

x,y,u,v − Koordinatensystem beim 8−Damen−Problem

Bild 2.11 Koordinatensystem des 8-Damen-Problems

SPRINGER.PRO

```
/* springer.pro */

/*    Probleme und Loesungen mit Turbo-Prolog */

/* Loesung des Springerproblems:
   Ein Springer bewegt sich so auf einem Schach-
   brett mit 8x8 Feldern gemaess den Schachregeln,
   dass jedes Feld genau einmal erreicht wird.

   Aufruf des Programms durch start(a1),wenn
   A1 das Startfeld ist.

   Um das Programm effektiver zu machen,wurde das
   Schachfeld in 3 Teile zerlegt (vgl.Abbildung)
   und die 3 Teilloesungen zusammengesetzt. Zu
   beachten ist hier, dass Teilloesung 2 erst nach
   einem Backtracking ein Endfeld findet,von dem
   aus ein Start von Teilloesung 3 moeglich ist */

nowarnings
domains
      liste = symbol*

predicates
      pruef_position(integer,integer,integer,integer,
                  integer,integer).
      spalte(symbol,integer).
      roesselsprung(integer,integer,integer,integer,
            integer,integer,integer,integer).
      springer_zug(integer,integer,liste,liste,integer,
                  integer,integer,integer,integer).
      anfuegen(symbol,liste,liste).
      equal(liste,liste)
      member(symbol,liste).
      length(liste,integer).
      append(liste,liste,liste).
      reverse(liste,liste).
      write_list(liste).
      start(symbol).
```

```
clauses
    spalte(a,1).
    spalte(b,2).
    spalte(c,3).
    spalte(d,4).
    spalte(e,5).
    spalte(f,6).
    spalte(g,7).
    spalte(h,8).
    pruef_position(X,Y,MinSpalt,MaxSpalt,MinZeil,MaxZeil):-
        X >= MinSpalt,X <= MaxSpalt,
        Y >= MinZeil,Y <= MaxZeil.
    roesselsprung(X,Y,U,V,MinSpalt,MaxSpalt,MinZeil,MaxZeil):-
        U = X+1, V = Y+2,
        pruef_position(U,V,MinSpalt,MaxSpalt,MinZeil,MaxZeil).
    roesselsprung(X,Y,U,V,MinSpalt,MaxSpalt,MinZeil,MaxZeil):-
        U = X+1, V = Y-2,
        pruef_position(U,V,MinSpalt,MaxSpalt,MinZeil,MaxZeil).
    roesselsprung(X,Y,U,V,MinSpalt,MaxSpalt,MinZeil,MaxZeil):-
        U = X-1, V = Y+2,
        pruef_position(U,V,MinSpalt,MaxSpalt,MinZeil,MaxZeil).
    roesselsprung(X,Y,U,V,MinSpalt,MaxSpalt,MinZeil,MaxZeil):-
        U = X-1, V = Y-2,
        pruef_position(U,V,MinSpalt,MaxSpalt,MinZeil,MaxZeil).
    roesselsprung(X,Y,U,V,MinSpalt,MaxSpalt,MinZeil,MaxZeil):-
        U = X+2, V = Y+1,
        pruef_position(U,V,MinSpalt,MaxSpalt,MinZeil,MaxZeil).
    roesselsprung(X,Y,U,V,MinSpalt,MaxSpalt,MinZeil,MaxZeil):-
        U = X+2, V = Y-1,
        pruef_position(U,V,MinSpalt,MaxSpalt,MinZeil,MaxZeil).
    roesselsprung(X,Y,U,V,MinSpalt,MaxSpalt,MinZeil,MaxZeil):-
        U = X-2, V = Y+1,
        pruef_position(U,V,MinSpalt,MaxSpalt,MinZeil,MaxZeil).
    roesselsprung(X,Y,U,V,MinSpalt,MaxSpalt,MinZeil,MaxZeil):-
        U = X-2, V = Y-1,
        pruef_position(U,V,MinSpalt,MaxSpalt,MinZeil,MaxZeil).
    springer_zug(X,Y,Loesung,NeuLoes,MinSpalt,MaxSpalt,MinZeil,
        MaxZeil,Anz):-
        roesselsprung(X,Y,U,V,MinSpalt,MaxSpalt,MinZeil,MaxZeil),
        spalte(U2,U),
        str_int(V2,V),
        concat(U2,V2,S),
        not(member(S,Loesung)),
        anfuegen(S,Loesung,Naechst),
```

```
          springer_zug(U,V,Naechst,NeuLoes,MinSpalt,
          MaxSpalt,MinZeil,MaxZeil,Anz).
       springer_zug(_,_,Loesung,NeuLoes,MinSpalt,
          MaxSpalt,MinZeil,MaxZeil,Anz):-
          length(Loesung,N),
          N = Anz,
          reverse(Loesung,RevLoes),
          write_list(RevLoes),nl,
          equal(Loesung,NeuLoes).
       start(F):-
          frontstr(1,F,S1,Rest1),
          frontstr(1,Rest1,R1,_),
          str_int(R1,Y1),spalte(S1,X1),
          anfuegen(F,[],StartList),
          write("Teilloesung 1 "),nl,
          springer_zug(X1,Y1,StartList,Ergeb,1,4,1,5,20),
          equal(Ergeb,[F2|_]),
          frontstr(1,F2,S2,Rest2),
          frontstr(1,Rest2,R2,_),
          str_int(R2,V2),spalte(S2,U2),
          roesselsprung(U2,V2,X2,Y2,5,8,1,5),!,
          spalte(XS2,X2),str_int(YS2,Y2),
          concat(XS2,YS2,Z2),
          anfuegen(Z2,[],Start2),
          write("Teilloesung 2"),nl,
          springer_zug(X2,Y2,Start2,Ergeb2,5,8,1,5,20),
          equal(Ergeb2,[F3|_]),
          frontstr(1,F3,S3,Rest3),
          frontstr(1,Rest3,R3,_),
          str_int(R3,V3),spalte(S3,U3),
          roesselsprung(U3,V3,X3,Y3,1,8,6,8),!,
          spalte(XS3,X3),str_int(YS3,Y3),
          concat(XS3,YS3,Z3),
          anfuegen(Z3,[],Start3),
          write("Teilloesung 3"),nl,
          springer_zug(X3,Y3,Start3,Ergeb3,1,8,6,8,24),!.
   equal(X,X).
   anfuegen(X,Y,[X|Y]).
   member(X,[X|_]).
   member(X,[_|Z]):- member(X,Z).
   length([],0).
   length([_|Y],I):- length(Y,J),I=J+1.
   append([],X,X).
   append([U|X],Y,[U|Z]):-append(X,Y,Z).
   reverse([],[]).
```

```
reverse([U|X],Y):-reverse(X,Z),
                append(Z,[U],Y).
write_list([]).
write_list([X|Y]):-
        frontstr(2,X,X1,_),
        upper_lower(X2,X1),
        write(X2," "),
        write_list(Y).
```

8	60	63	50	53	56	43	48	45
7	51	54	59	62	49	46	57	42
6	64	61	52	55	58	41	44	47
5	03	08	15	20	27	22	35	40
4	16	11	04	09	34	39	28	23
3	07	02	19	14	21	26	31	36
2	12	17	10	05	38	33	24	29
1	01	06	13	18	25	30	37	32
	A	B	C	D	E	F	G	H

Bild 2.12 springer.pro

2.6 Listen

LISTE.PRO

```
/*  liste.pro */

/* Probleme und Loesungen mit Turbo-Prolog

Dieses Programm enthaelt alle wichtigen Praedikate
zum Arbeiten mit Listen
      member(X,L)  prueft ob X in Liste L
      length(L,X)  X ist Laenge der Liste L
      append(X,Y,Z) anhaengen der Liste Y an X liefert Z
      last(X,L) liefert das letzte Element X von L
      first(X,L) liefert das erste Element X von L
      next(X,Y,L) Y steht nach X in Liste
      reverse(X,Y) Y ist die rueckwaerts gelesene Liste X
      min(X,Y) liefert Minimum Y der Liste X
      max(X,Y) liefert Maximum Y der Liste X
      join(X,L1,L2) anhaengen von X an Liste L1 ergibt L2
      substitute(X,L1,Y,L2) ersetzt X in Liste L1 durch Y
            ergibt Liste L2
      prefix(X,Y) prueft ob X Listenanfang Liste Y ist
      delete(X,L1,L2) Loeschen von X in Liste L1 ergibt L2
      delete2(X,L1,L2) Loeschen aller Elemente X aus L1
            ergibt L2
      is_set(X) prueft ob X Menge ist
      purge(L,M) bereinigt Liste L von allen mehrfachen
            Elemente ,liefert Menge M                      */


domains
            element = integer
            liste = element*
predicates
        member(element,liste)
        length(liste,integer)
        append(liste,liste,liste)
        last(element,liste)
        first(element,liste)
        next(element,element,liste)
        reverse(liste,liste)
        delete(element,liste,liste)
        delete2(element,liste,liste)
        substitute(element,liste,element,liste)
        join(element,liste,liste)
```

```
        prefix(liste,liste)
        max(liste,element)
        min(liste,element)
        is_set(liste)
        purge(liste,liste)
clauses
        member(X,[X|_]).
        member(X,[_|Y]):- member(X,Y).
        length([],0).
        length([_|Y],L):-
            length(Y,L1),
            L = L1+1.
        last(X,[Z]) :-
                Z = X,!.
        last(X,[_|Z]) :- last(X,Z).
        first(X,[Z]) :-
            Z =X,!.
        first(X,[Z|_]) :-
                first(X,[Z]).
        append([],Z,Z) :-!.
        append([X|Y],Z,[X|U]) :-
                append(Y,Z,U).
        next(X,Y,[X,Y|_]).
        next(X,Y,[_|Z]) :-
                next(X,Y,Z).
        reverse([],[]).
        reverse([X|Y],Z) :-
                reverse(Y,U),
                append(U,[X],Z).
        delete(X,[X|Y],Y):- !.
        delete(X,[Y|Z],[Y|U]):-
                delete(X,Z,U).
        delete2(_,[],[]):- !.
        delete2(X,[X|Y],Z) :-
                !,delete2(X,Y,Z).
        delete2(X,[Y|Z],[Y|U]) :-
                delete2(X,Z,U).
        substitute(_,[],_,[]):- !.
        substitute(X,[X|Y],Z,[Z|U]) :-
                !,substitute(X,Y,Z,U).
        substitute(X,[Y|Z],U,[Y|V]) :-
                substitute(X,Z,U,V).
        join(X,Y,Z):-
                append(Y,[X],Z).
        prefix([],_).
```

```
prefix([X|Y],[X|Z]):-
        prefix(Y,Z).
max([],_):-!,fail.
max([X],M):-
        M = X,!.
max([X,Y|V],M):-
        X <= Y,
        max([Y|V],M).
max([X,Y|V],M):-
        X > Y,
        max([X|V],M).
min([],_):-!,fail.
min([X],M):-
        M = X,!.
min([X,Y|V],M):-
        X <= Y,
        min([X|V],M).
min([X,Y|V],M):-
        X > Y,
        min([Y|V],M).
is_set([]).
is_set(L):-
    L = [X|Y],
    not(member(X,Y)),
    is_set(Y).
purge([],[]).
purge(L,L1):-
    L = [X|Y],
    delete2(X,Y,Z1),
    purge(Z1,Z2),
    L1 = [X|Z2].
```

UMWAND.PRO

```
/* umwand.pro */

/* Probleme und Loesungen mit Turbo-Prolog */

/*  Umwandlung einer Dezimalzahl in ein anderes
    Zahlensystem mit einer Basis zwischen 2 und 36
    Aufruf z.B.: umwandlung(3850,16,Hex)
                 umwandlung(3850,2,Binaer)
                 umwandlung(3850,8,Oktal)
    Umkehrung siehe Programm horner.pro    */


predicates
        umwandlung(integer,integer,string)
        ziffer(integer,string)


clauses
        umwandlung(_,B,_):-
            B < 2,!,
            write("Basis muss mind. 2 sein!"),nl,fail.
        umwandlung(_,B,_):-
            B > 16,!,
            write("Basis zu gross!"),nl,fail.
        umwandlung(D,B,S):-
            D < B,
            ziffer(D,Z),
            S = Z.
        umwandlung(D,B,S):-
            D >= B,
            D1 = D div B,
            D2 = D mod B,
            ziffer(D2,S2),
            umwandlung(D1,B,S1),
            concat(S1,S2,S).
        ziffer(X,Z):-
            X <= 9,
            str_int(Z,X).
        ziffer(10,"A").
        ziffer(11,"B").
        ziffer(12,"C").
        ziffer(13,"D").
        ziffer(14,"E").
        ziffer(15,"F").
```

ROEMISCH.PRO

```
/* roemisch.pro */

/* Probleme und Loesungen in Turbo-Prolog

   Umwandlung einer Dezimalzahl ins roemische
   Ziffernsystem
   Aufruf z.B. roemisch(1988,R)                    */

domains
        liste = integer*
        zeichen = string*

predicates
        roemisch(integer,string)
        ziffer(integer,zeichen,liste,string)

clauses
        roemisch(N,Z):-
        ziffer(N,["M","CM","D","CD","C","XC","L","XL","X","IX","V","IV","I"],
               [1000,900,500,400,100,90,50,40,10,9,5,4,1],Z).
        ziffer(0,_,_,""):-!.
        ziffer(N,X,Y,Z):-
                X = [_|X2],
                Y = [Y1|Y2],
                N < Y1,
                ziffer(N,X2,Y2,Z).
        ziffer(N,X,Y,Z):-
                X = [X1|_],
                Y = [Y1|_],
                N >= Y1,
                N1= N -Y1,
                ziffer(N1,X,Y,Z1),
                concat(X1,Z1,Z).
```

PERMUT.PRO

```
/* permut.pro */

/* Probleme und Loesungen mit Turbo-Prolog

   Permutationen einer Menge durch
   (1) Voranstellen jedes Elementes
   (2) Einfuegen an jeder moeglichen Stelle
   vgl. Buch Abschnitt  1.9
   Aufrufe z.B.:
        permutation1([1,2,3,4,5],Perm)
        permutation2([1,2,3,4,5],Perm)
  Hier ergeben sich 5!=1*2*3*4*5 Permutationen */


domains
                list = element*
                element = integer
predicates
                permutation1(list,list)
                permutation2(list,list)
                writelist(list)
                insert(element,list,list)
                delete(element,list,list)
clauses
                permutation1([],[]).
                permutation1([H|T],P):-
                        permutation1(T,T1),
                        insert(H,T1,P).
                permutation2([],[]).
                permutation2(L,[X|P]):-
                        delete(X,L,L1),
                        permutation2(L1,P).
                insert(X,L,L1):-
                        delete(X,L1,L).
                delete(X,[X|T],T).
                delete(X,[Y|T],[Y|T1]):-
                        delete(X,T,T1).
                writelist([]).
                writelist([H|T]):-
                          write(H),
                          writelist(T).
```

KOMPLEX.PRO

```
/*  komplex.pro   */

/* Probleme und Loesungen mit Turbo-Prolog
   Komplexe Arithmetik mit Addition,Subtraktion
   Multiplikation,Division,Inverse,Betrag und
   Konjugiert-Komplexen
   Aufrufe z.B. komp_add(k(3,-2),k(-1,5),S)
         komp_add(k(3,-2),k(-1,5),S)
         komp_sub(k(-2,0),k(1,-5),D)
         komp_mult(k(1,-2),k(0,5),P)
         komp_div(k(-1,2),k(-1,1),Q)
         konj_komp(k(3,-2),K)
         inverses(k(2,-1),I)
         betrag(k(-3,4),B)                          */


domains
        komplex = k(real,real)

predicates
        komp_add(komplex,komplex,komplex)
        komp_sub(komplex,komplex,komplex)
        komp_mult(komplex,komplex,komplex)
        komp_div(komplex,komplex,komplex)
        konj_komp(komplex,komplex)
        skalarmult(real,komplex,komplex)
        betrag(komplex,real)
        inverses(komplex,komplex)

clauses
        komp_add(A,B,C):-
             A = k(A1,A2),
             B = k(B1,B2),
             C1 = A1+ B1,
             C2 = A2+ B2,
             C = k(C1,C2).
        komp_sub(A,B,C):-
             A = k(A1,A2),
             B = k(B1,B2),
             C1 = A1- B1,
             C2 = A2- B2,
             C = k(C1,C2).
```

```prolog
komp_mult(A,B,C):-
      A = k(A1,A2),
      B = k(B1,B2),
      C1 = A1*B1-A2*B2,
      C2 = A1*B2+A2*B1,
      C = k(C1,C2).
komp_div(A,B,C):-
      inverses(B,B1),
      komp_mult(A,B1,C).
inverses(A,_):-
      A = k(0,0),!,fail.
inverses(A,B):-
      konj_komp(A,A1),
      betrag(A,L),
      L1 = 1/(L*L),
      skalarmult(L1,A1,B).
konj_komp(A,B):-
      A = k(A1,A2),
      B2 = -A2,
      B = k(A1,B2).
betrag(A,B):-
      A = k(A1,A2),
      B = sqrt(A1*A1+A2*A2).
skalarmult(X,A,B):-
      A = k(A1,A2),
      B1 = X*A1,
      B2 = X*A2,
      B  = k(B1,B2).
```

VEKTOR.PRO

```
/* vektor.pro  */

/* Probleme und Loesungen mit Turbo-Prolog
   Vektorrechnung im R3
   Vektoren bzw. Ortsvektoren werden als Listen aufgefasst
   moegliche Aufrufe fuer Dreiecke:
   schwerpunkt([5,0,-4],[-2,7,-1],[3,2,5],S)
   umfang([5,0,-4],[-2,7,-1],[3,2,5],U)
   flaeche([5,0,-4],[-2,7,-1],[3,2,5],F)
   moegliche Aufrufe fuer Vektoren:
   winkel([4,0,-3],[3,-2,4],W)
   skalarprod([4,0,-3],[3,-2,4],S)          */


domains
      vektor = real*
      ortsvekt = real*
predicates
      betrag(vektor,real)
      diff_vektor(ortsvekt,ortsvekt,vektor)
      entfern(ortsvekt,ortsvekt,real)
      umfang(ortsvekt,ortsvekt,ortsvekt,real)
      flaeche(ortsvekt,ortsvekt,ortsvekt,real)
      schwerpunkt(ortsvekt,ortsvekt,ortsvekt,ortsvekt)
      skalarprod(vektor,vektor,real)
      winkel(vektor,vektor,real)
      arccos(real,real)  /* Umkehrfunktion des Cosinus */


clauses
      diff_vektor(A,B,D):-
            A = [A1,A2,A3],
            B = [B1,B2,B3],
            D1 = A1-B1,
            D2 = A2-B2,
            D3 = A3-B3,
            D = [D1,D2,D3].
      entfern(A,B,E):-
            diff_vektor(A,B,D),
            betrag(D,E).
      umfang(A,B,C,U):-
            entfern(A,B,E1),
            entfern(A,C,E2),
            entfern(B,C,E3),
            U = E1+E2+E3.
```

```prolog
flaeche(A,B,C,F):-    /* Heronsche Formel  */
      entfern(A,B,E1),
      entfern(A,C,E2),
      entfern(B,C,E3),
      umfang(A,B,C,U),
      S = U/2,
      F = sqrt(S*(S-E1)*(S-E2)*(S-E3)).
schwerpunkt(A,B,C,S):-
      A = [A1,A2,A3],
      B = [B1,B2,B3],
      C = [C1,C2,C3],
      S1 = (A1+B1+C1)/3,
      S2 = (A2+B2+C2)/3,
      S3 = (A3+B3+C3)/3,
      S = [S1,S2,S3].
skalarprod(X,Y,S):-
      X=[X1,X2,X3],
      Y=[Y1,Y2,Y3],
      S = X1*Y1+X2*Y2+X3*Y3.
betrag(X,B):-
      skalarprod(X,X,B1),
      B = sqrt(B1).
winkel(X,Y,Alpha):-
      skalarprod(X,Y,S),
      S = 0,
      Alpha = 90.
winkel(X,Y,Alpha):-
      skalarprod(X,Y,S),
      S <> 0,
      betrag(X,B1),
      betrag(Y,B2),
      A=S/(B1*B2),
      arccos(A,Alpha).
arccos(0,90).
arccos(X,Y):-   /* Umrechnung ins Winkelmass */
      Y1=arctan(sqrt(1-X*X)/X),
      Pi = 3.14159265,
      Y = Y1*180/Pi.
```

CRAMER.PRO

```
/* cramer.pro    */

/* Probleme und Loesungen mit Turbo-Prolog
   Cramersche Regel zur Loesung eines Gleichungs-
   systems mit 3 Unbekannten
   Die Gleichungsmatrix einschliesslich der rechten
   Seite wird als Liste der Spaltenvektoren definiert
Eingabe z.B:
  cramer([2,0,-1],[0,-3,2],[1,1,0],[3,-2,1])
  determinante([2,0,-1],[0,-3,2],[1,1,0],D)            */

domains
      vektor = integer*  /* auch real */

predicates
      determinante(vektor,vektor,vektor,integer)
      cramer(vektor,vektor,vektor,vektor)

clauses
      cramer(X,Y,Z,_):-  /*  X,Y,Z,R Spaltenvektoren */
          determinante(X,Y,Z,D),
          D = 0,!,fail.
      cramer(X,Y,Z,R):-
          determinante(X,Y,Z,D),
          D <> 0,
          determinante(R,Y,Z,D1),
          determinante(X,R,Z,D2),
          determinante(X,Y,R,D3),
          X1 = D1/D,
          X2 = D2/D,
          X3 = D3/D,
          write("Loesungsvektor =[",X1," ",X2," ",X3,"]\n").
        determinante(X,Y,Z,D):-
            X = [X1,X2,X3],
            Y = [Y1,Y2,Y3],
            Z = [Z1,Z2,Z3],
            D = X1*Y2*Z3+X2*Y3*Z1+X3*Y1*Z2-
                X3*Y2*Z1-X1*Y3*Z2-X2*Y1*Z3.
```

HORNER.PRO

```
/* horner.pro  */

/* Probleme und Loesungen in Turbo-Prolog */

/* Berechnung von Polynomen und g-adischen Zahlen
   mittels Hornerschema
   Polynome werden als Liste dargestellt
   z.B. x^3+4*x^2-5 = [1,4,0,-5]
   moegliche Aufrufe:
   horner([1,3,0,-2,4],3,F) liefert Funktions-
           wert F an der Stelle X=3
   horner([1,1,0,1,0,1],2,D) liefert Dezimal-
           Wert der Binaerzahl %110101
   horner([15,9,10,0],16,D) liefert Dezimal-
           Wert der Hexzahl $F9A0.Dabei gilt
        A=10,B=11,C=12,D=13,E=14,F=15            */


domains
        polynom = real*


predicates
        horner(polynom,real,real)
        /* Koeffizienten nach absteigenden Potenzen ordnen */


clauses
        horner([A],_,F):-
             F = A.
        horner([A,Y|Z],X,F):-
             W = A*X+Y,
             horner([W|Z],X,F).
```

FOLGE.PRO

```
/* folge.pro  */

/* Probleme und Loesungen in Turbo-Prolog */

/* Eine natuerliche Zahl wird halbiert, wenn sie gerade
   ist bzw. verdreifacht und um 1 vermehrt, wenn
   sie ungerade ist. Setzt man dieses Verfahren mit dem je-
   weiligen Ergebnis fort, so entsteht eine Folge,
   die nach einer Vermutung von Ulam stets mit 1 endet.
   Moeglicher Aufruf z.B. ulam(127,F)
   Hinweis: Folge muß im Integer-Bereich bleiben             */


domains
          list = integer*

predicates
          ulam(integer,list)

clauses
          ulam(1,[1]):-!.
          ulam(X,L) :-
              0 = X mod 2,
              X1 = X div 2,
              ulam(X1,L1),
              L = [X|L1].
          ulam(X,L) :-
              1 = X mod 2,
              X1 = 3*X +1,
              ulam(X1,L1),
              L = [X|L1].
```

2.7 Sortieren

BUBBLE.PRO

```
/* bubble.pro */

/* Probleme und Loesungen mit Turbo-Prolog
   Bubble-Sort
   Aufruf z.B. bubblesort([-12,23,0,47,-33],L) */

domains
                list = element*
                element = integer
predicates
        bubblesort(list,list)
        append(list,list,list)
        order(element,element)
clauses
        bubblesort(L,S):-
                append(X,[A,B|Y],L),
                order(B,A),!,
                append(X,[B,A|Y],M),
                bubblesort(M,S).
        bubblesort(L,L).
        order(X,Y):-
                X < Y.
        append([],L,L).
        append([X|Y],Z,[X|U]):-
                append(Y,Z,U).
```

INSERT.PRO

```
/* insert.pro */

/* Probleme und Loesungen mit Turbo-Prolog
   Sortieren durch Einfuegen (insert)
   Aufruf z.B. insertsort([-23,45,0,34,-37],L) */

domains
     list = element*
     element = integer
predicates
     insertsort(list,list)
     insert(element,list,list)
     order(element,element)
```

```
clauses
     insertsort([],[]).
     insertsort([X|L],M):-
         insertsort(L,N),
         insert(X,N,M).
     insert(X,[A|L],[A|M]):-
         order(A,X),!,
         insert(X,L,M).
         insert(X,L,[X|L]).
     order(X,Y):-
         X < Y.
```

QUICKSRT.PRO

```
/* quicksrt.pro */

/* Probleme und loesungen mit Turbo-Prolog
   Quicksort-Algorithmus von C.A.R.Hoare 1962
   Eingabe z.B.: quicksort([-12,56,0,23,-24],L) */


domains
         list = element*
         element = integer
predicates
         quicksort(list,list)
         split(element,list,list,list)
         append(list,list,list)
clauses
         quicksort([],[]):- !.
         quicksort([H|T],S):-
             split(H,T,A,B), /* Aufspalten */
             quicksort(A,A1),
             quicksort(B,B1),
             append(A1,[H|B1],S).
         split(H,[A|X],[A|Y],Z):-
             A <= H,
             split(H,X,Y,Z).
         split(H,[A|X],Y,[A|Z]):-
             A > H,
             split(H,X,Y,Z).
         split(_,[],[],[]).
         append([],L,L). /* vgl liste.pro */
         append([X|Y],Z,[X|U]):-
             append(Y,Z,U).
```

2.8 Mengen

MENGE.PRO

```
/* menge.pro  */

/* Probleme und Loesungen mit Turbo-Prolog
   Mengen-Praedikate:
   member(X,Y) prueft,ob X Element von Y
   card(X,Y) Kardinalzahl Y der Menge X
   vereinig(X,Y,Z) Z ist Vereinigung von X und Y
   schnitt(X,Y,Z) Z ist Schnittmenge von X und Y
   bei vereinig/schnitt muessen X,Y gebunden sein
   subset(X,Y) X ist Teilmenge von Y; X darf frei
   sein
   moegliche Aufrufe : subset([0,1,2,3],X)
      schnitt([0,1,2,3],[2,3,4],S)
      vereinig([0,1,2],[1,2,3],V)
      member(X,[0,1,2,3,4])       */


domains
            menge = integer*
predicates
            member(integer,menge)
            card(menge,integer)
            subset(menge,menge)
            schnitt(menge,menge,menge)
            vereinig(menge,menge,menge)

clauses
            member(X,[X|_]).
            member(X,[_|Y]):-
                    member(X,Y).
            card([],0).
            card([_|Y],C):-
                    card(Y,C1),
                    C = C1 + 1.
            schnitt([],_,[]):- !.
            schnitt([X|R],Y,[X|Z]):-
                    member(X,Y),!,
                    schnitt(R,Y,Z).
            schnitt([_|R],Y,Z):-
                    schnitt(R,Y,Z).
```

```
vereinig([],X,X):-!.
vereinig([X|R],Y,Z):-
        member(X,Y),
        vereinig(R,Y,Z),!.
vereinig([X|R],Y,[X|Z]):-
        vereinig(R,Y,Z).
subset([],[]).
subset([_|L],S):-
    subset(L,L1),
    S = L1.
subset([X|L],S):-
    subset(L,L1),
    S = [X|L1].
```

TEILER.PRO

```
/*   teiler.pro  */

/* Probleme und Loesungen mit Turbo-Prolog
   Bestimmung der Teilermenge
   Aufruf z.B. teiler(11111,T)                */

domains
        liste = integer*

predicates
        teiler(integer,liste)
        pruef_teiler(integer,integer,liste)
        bubblesort(liste,liste)
        append(liste,liste,liste)
        order(integer,integer)
        purge(liste,liste)
        delete2(integer,liste,liste)

clauses
        teiler(N,T):-
            pruef_teiler(N,1,T1),
            bubblesort(T1,T2),
            purge(T2,T).
        pruef_teiler(N,X,T):-
            X*X > N,!,
            T = [].
```

```
pruef_teiler(N,X,T):-
        0 = N mod X,
        X1 = X+1,
        pruef_teiler(N,X1,T1),
        Y = N div X,
        T = [X,Y|T1].
pruef_teiler(N,X,T):-
        0 <> N mod X,
        X1 = X+1,
        pruef_teiler(N,X1,T).
bubblesort(L,S):-
        append(X,[A,B|Y],L),
        order(B,A),!,
        append(X,[B,A|Y],M),
        bubblesort(M,S).
bubblesort(L,L).
order(X,Y):- X < Y.
append([],L,L).
append([X|Y],Z,[X|U]):-
     append(Y,Z,U).
purge([],[]).  /* vgl.liste.pro */
purge(L,L1):-
        L = [X|Y],
        delete2(X,Y,Z1),
        purge(Z1,Z2),
        L1 = [X|Z2].
delete2(_,[],[]):- !.
delete2(X,[X|Y],Z) :-
        !,delete2(X,Y,Z).
delete2(X,[Y|Z],[Y|U]) :-
        delete2(X,Z,U).
```

SIEB.PRO

```
/* sieb.pro */

/* Probleme und Loesungen in Turbo-Prolog

   Primzahlsieb der Eratosthenes
   Eingabe z.B. primsieb(500,Prim)
                                                   */


nowarnings
trail = 8000

domains
        menge = integer*
predicates
        primsieb(integer,menge)
        fuelle_sieb(integer,integer,menge)
        aussieben(menge,menge)
        entferne(integer,menge,menge)
clauses
        primsieb(Grenz,PZ):-
             fuelle_sieb(2,Grenz,P),
             aussieben(P,PZ).
        fuelle_sieb(X,X,[X]).
        fuelle_sieb(L,H,S):-
               S = [L|R],
               L <= H,!,
               L1 = L + 1,
               fuelle_sieb(L1,H,R).
        aussieben([],[]).
        aussieben(Q,R):-
               Q = [X|P],
               R = [X|PZ],
               entferne(X,P,P1),
               aussieben(P1,PZ).
        entferne(Z,[],[]).
        entferne(Z,Q,R):-
               Q = [X|P],
               R = [X|NP],
               0 <> X mod Z,!,
               entferne(Z,P,NP).
```

```
        entferne(Z,Q,NP):-
            Q = [X|P],
            0 = X mod Z,!,
            entferne(Z,P,NP).
```

LOTTO.PRO

```
/* lotto.pro  */

/* Probleme und Loesungen mit Turbo-Prolog
   Erzeugen von Lottozahlen mittels Zufalls-
   zahlen; die Lottozahlen werden auf Mehr-
   fache geprueft und sortiert
   Aufrufe z.B.
       lotto(6,49,Tip)  6 aus 49
       lotto(7,38,Tip)  7 aus 38            */

domains
     liste = integer*
predicates
     lotto(integer,integer,liste)
     auslosen(integer,integer,integer,liste)
     pruef_menge(integer,integer,liste,liste)
     delete2(integer,liste,liste)
     purge(liste,liste)
     card(liste,integer)
     member(integer,liste)
     append(liste,liste,liste)
     bubblesort(liste,liste)

clauses
     lotto(N,G,L):-
        auslosen(N,G,N,L1),
        pruef_menge(N,G,L1,L2),
        bubblesort(L2,L).
     auslosen(_,_,0,[]).
     auslosen(N,G,K,L):-
         K > 0,
         random(X),
         Y = round(X*G+0.5),
         K1 = K -1 ,
         auslosen(N,G,K1,L1),
         L = [Y|L1].
```

```
pruef_menge(N,_,L1,L2):-
     purge(L1,L2),
     card(L2,N).
pruef_menge(N,G,L1,L2):-
     purge(L1,L3),
     not(card(L3,N)),
     random(X),
     Y = round(X*G+0.5),
     L4 = [Y|L3],
     pruef_menge(N,G,L4,L2).
purge([],[]). /* vgl.liste.pro */
purge(L,L1):-
     L = [X|Y],
     delete2(X,Y,Z1),
     purge(Z1,Z2),
     L1 = [X|Z2].
delete2(_,[],[]):- !.
delete2(X,[X|Y],Z) :-
     !,delete2(X,Y,Z).
delete2(X,[Y|Z],[Y|U]) :-
       delete2(X,Z,U).
card([],0).     /* vgl. menge.pro */
card([_|Y],C):-
     card(Y,C1),
     C = C1 + 1.
member(X,[X|_]).
member(X,[_|Y]):- member(X,Y).
bubblesort(L,S):-    /* bubble.pro */
       append(X,[A,B|Y],L),
       B < A,!,
       append(X,[B,A|Y],M),
       bubblesort(M,S).
bubblesort(L,L).
append([],L,L).
append([X|Y],Z,[X|U]):-
       append(Y,Z,U).
```

2.9 Graphentheorie

FAERBUNG.PRO

```
/* faerbung.pro */

/* Probleme und Loesungen in Turbo-Prolog
   Vierfarben-Problem
   Eingabe : faerbung   */

domains
          farbe = symbol

predicates
    farbe(farbe)
    ungleich(farbe,farbe)
    landkarte(farbe,farbe,farbe,farbe,farbe,farbe)
    faerbung

clauses
    farbe(rot). /* moegliche Farben */
    farbe(blau).
    farbe(gruen).
    farbe(gelb).
    ungleich(rot,gelb).
    ungleich(rot,gruen).
    ungleich(rot,blau).
    ungleich(gelb,rot).
    ungleich(gelb,gruen).
    ungleich(gelb,blau).
    ungleich(gruen,rot).
    ungleich(gruen,gelb).
    ungleich(gruen,blau).
    ungleich(blau,rot).
    ungleich(blau,gelb).
    ungleich(blau,gelb).
    landkarte(L1,L2,L3,L4,L5,L6):-
    /* aneinandergrenzende Laender muessen
    ungleich gefaerbt werden */
          ungleich(L1,L2),
          ungleich(L1,L4),
          ungleich(L1,L5),
          ungleich(L2,L3),
          ungleich(L2,L4),
          ungleich(L3,L4),
```

```
    ungleich(L3,L5),
    ungleich(L3,L6),
    ungleich(L4,L5),
    ungleich(L5,L6).
faerbung:-
    farbe(L1),
    farbe(L2),
    farbe(L3),
    farbe(L4),
    farbe(L5),
    farbe(L6),
    landkarte(L1,L2,L3,L4,L5,L6),
    write("Land 1 = ",L1),nl,
    write("Land 2 = ",L2),nl,
    write("Land 3 = ",L3),nl,
    write("Land 4 = ",L4),nl,
    write("Land 5 = ",L5),nl,
    write("Land 6 = ",L6),nl.
```

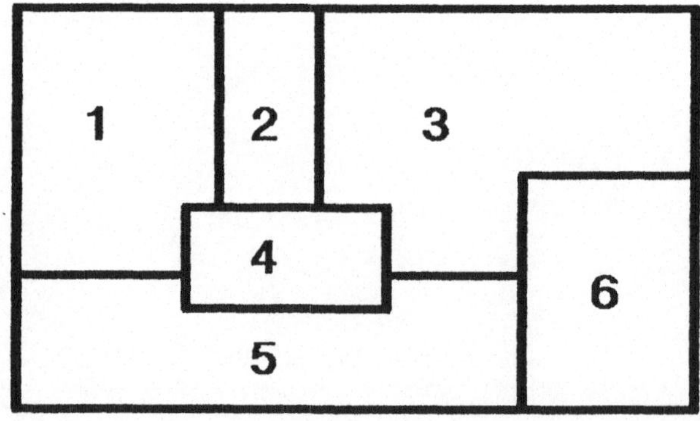

Bild 2.13 Schematische Darstellung für Programm faerbung.pro

LABYRINT.PRO

```
/* labyrint.pro */

/* Probleme und Loesungen in Turbo-Prolog
   Weg durch ein Labyrinth
   Gibt es einen Weg von a nach h ? weg(a,h,[])
   Weg von a nach c ohne e ? weg(a,c,[e])    */


domains
        raum = symbol
      ` liste = raum*


predicates
          verbindung(raum,raum)
          weg(raum,raum,liste)
          nicht_in(raum,liste)


clauses
          verbindung(a,b).
          verbindung(b,d).
          verbindung(b,c).
          verbindung(c,e).
          verbindung(c,f).
          verbindung(d,e).
          verbindung(f,g).
          verbindung(g,h).
          weg(X,X,_).
          weg(X,Y,B):-
              verbindung(X,Z),
              nicht_in(Z,B),
              weg(Z,Y,[Z|B]).
          weg(X,Y,B):-
              verbindung(Z,X),
              nicht_in(Z,B),
              weg(Z,Y,[Z|B]).
          nicht_in(_,[]).
          nicht_in(X,[Y|Z]):-
              X <> Y,
              nicht_in(X,Z).
```

Labyrinth mit 6 Kammern

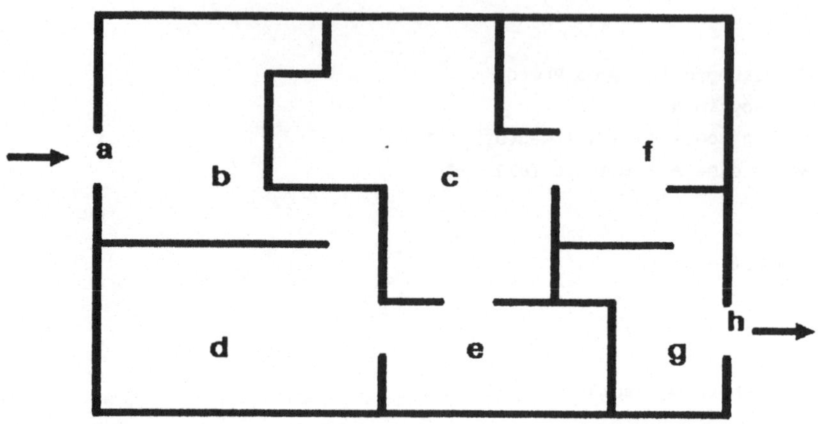

Bild 2.14 Labyrinth (sechs Kammern)

MINWEG.PRO

```
/*    minweg.pro */

/*  Probleme und Loesungen mit Turbo-Prolog */

/*   Minimaler Weg in einem kreisfreien Graphen
Hinweis : Der Graph darf keinen Kreis enthalten,
da sonst das Programm in eine Endlosschleife geraet
Aufruf : z.B. such_route(aachen,stuttgart)          */

database
      strecke(symbol,symbol,integer)

predicates
      route(symbol,symbol,integer)
      such_optimal(symbol,symbol,integer)
      weg(symbol,symbol,integer)
      such_route(symbol,symbol)
```

```
clauses
      such_route(A,B):-
      assert(strecke(aachen,stuttgart,426)),
      assert(strecke(aachen,hamburg,487)),
      assert(strecke(aachen,frankfurt,253)),
      assert(strecke(hamburg,hannover,155)),
      assert(strecke(hannover,koeln,509)),
      assert(strecke(muenchen,passau,183)),
      assert(strecke(frankfurt,muenchen,392)),
      assert(strecke(frankfurt,stuttgart,213)),
      assert(strecke(passau,stuttgart,403)),
      assert(strecke(frankfurt,passau,455)),
      assert(strecke(frankfurt,hannover,690)),
      such_optimal(A,B,10000).
      such_route(_,_).
      such_optimal(A,B,Max):-
            route(A,B,D),
            D < Max,
            D <>0,
            write("Entfernung = ",D),nl,
            such_optimal(A,B,D).
      such_optimal(_,_,_).
      route(A,B,C):-
            weg(A,B,C).
      route(_,_,D):-
            write("kein (weiterer) Weg\n"),
            D=0,!.
      weg(T,T2,D):-
            strecke(T,T2,D).
      weg(T,T2,D):-
            strecke(T,X,D2),
            X<>T2,
            weg(X,T2,D3),
            D=D2+D3.
```

AUTOMAT.PRO

```
/* automat.pro */

/* Probleme und Loesungen mit Turbo-Prolog
   Fuer einen Automaten wird bestimmt durch
   Signale er in den Endzustand uebergeht
   (vgl. Bild).
   Es stellen sich folgende Fragen:
   In welchem Zustand akzeptiert er die Signale
   a und b ? -->Eingabe : signal(X,[a,b])
   Welche Folge von 3 Signalen akzeptiert er
   im Zustand 1 ?
   -->Eingabe: signal(zustand1,[S1,S2,S3])
   Hinweis : Enthaelt der Automat einen Kreis,
   so kann es zu einem Stack-Overflow kommen    */

domains
     list = symbol*

predicates
     ende(symbol)
     uebergang(symbol,symbol,symbol)
     selbstaendig(symbol,symbol)
     signal(symbol,list)

clauses
     ende(zustand5).
     uebergang(zustand1,a,zustand2).
     uebergang(zustand1,b,zustand1).
     uebergang(zustand2,a,zustand2).
     uebergang(zustand2,b,zustand3).
     uebergang(zustand3,a,zustand4).
     uebergang(zustand4,a,zustand1).
     uebergang(zustand4,b,zustand5).
     selbstaendig(zustand2,zustand4).
     /* Der Automat geht ohne Signal von
                Zustand 2 in Zustand 4 ueber */
     signal(S,[]):-
          ende(S).
     signal(S,[X|R]):-
          uebergang(S,X,S1),
          signal(S1,R).
```

```
signal(S,S3):-
      selbstaendig(S,S1),
      signal(S1,S3).
```

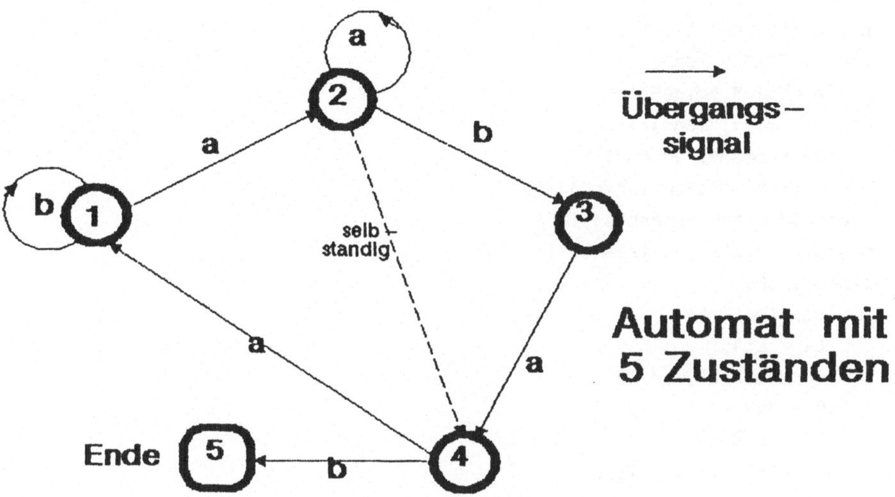

Bild 2.15 Automat mit 5 Zuständen

2.10 Arbeiten mit Texten

PLURAL.PRO

```
/* plural.pro */

/* Probleme und Loesungen in Turbo-Prolog
    Pluralbildung im Englischen :
    Aufruf z.B. plural("woman",P)        */
predicates
      plural(string,string)

clauses
      plural("studio","studios"):-!.
      plural("photo","photos"):-!.
      plural("zero","zeros"):-!.
      plural("canto","cantos"):-!.
      plural("tobacco","tobaccos"):-!.
      plural("banjo","banjos"):-!.
      plural("piano","pianos"):-!.
```

```
plural("portofolio","portofolios"):-!.
plural("foot","feet"):-!.
plural("tooth","teeth"):-!.
plural("goose","geese"):-!.
plural("mouse","mice"):-!.
plural("louse","lice"):-!.
plural("ox","oxen"):-!.
plural("die","dice"):-!.
plural("man","men"):-!.
plural("woman","women"):-!.
plural("child","children"):-!.
plural("sheep","sheep"):-!.
plural("crisis","crises"):-!.
plural(W,P):-
    str_len(W,L),
    L1 = L-1,
    frontstr(L1,W,V,R),
    R = "y",
    L2 = L-2,
    frontstr(L2,W,_,R1),
    R1 <>"ey",
    R1 <>"ay",
    R1 <>"oy",
    R1 <>"uy",
    concat(V,"ies",P),!.
plural(W,P):-
    str_len(W,L),
    L1 = L-1,
    frontstr(L1,W,_,R),
    R = "o",
    concat(W,"es",P),!.
plural(W,P):-
    str_len(W,L),
    L1 = L-1,
    frontstr(L1,W,_,R),
    R = "a",
    concat(W,"e",P),!.
plural(W,P):-
    str_len(W,L),
    L1 = L-1,
    frontstr(L1,W,V,R),
    R = "f",
    W <> "roof",
    W <> "dwarf",
    W <> "cliff",
```

```
            W <> "cuff",
            W <> "chief",
            W <> "proof",
            concat(V,"ves",P),!.
        plural(W,P):-
            str_len(W,L),
            L1 = L-2,
            frontstr(L1,W,V,R),
            R = "fe",
            W <> "safe",
            concat(V,"ves",P),!.
        plural(W,P):-
            str_len(W,L),
            L1 = L-2,
            frontstr(L1,W,V,R),
            R = "us",
            concat(V,"i",P),!.
        plural(W,P):-
            concat(W,"s",P).
```

SATZ.PRO

```
/*  satz.pro */


/* Probleme und Loesungen mit Turbo-Prolog
   Erzeugen aller moeglichen Saetze mit
   Nominalphrase --> Eigenname : Susi
                 --> Nomen : Katze,Maus
   Verbalphrase  --> intransitives Verb : putzt sich
                 --> transitives Verb : jagt,beisst,liebt
   Aufruf: satz(X,[]) oder satz(X,["immer"])            */


nowarnings
domains
        wort = symbol*


predicates
        satz(wort,wort)
        nominalphrase(wort,wort)
        verbalphrase(wort,wort)
        eigenname(wort,wort)
        artikel(wort,wort)
        nomen(wort,wort)
        intransitiv_verb(wort,wort)
        transitiv_verb(wort,wort)
```

```
clauses
        satz(X,R):-
                nominalphrase(X,U),
                verbalphrase(U,R).
        nominalphrase(X,R):-
                eigenname(X,R).
        nominalphrase(X,R):-
                artikel(X,U),
                nomen(U,R).
        verbalphrase(X,R):-
                intransitiv_verb(X,R).
        verbalphrase(X,R):-
                transitiv_verb(X,U),
                nominalphrase(U,R).
        eigenname([susi|R],R).
        artikel([die|R],R).
        nomen([katze|R],R).
        nomen([maus|R],R).
        intransitiv_verb([putzt_sich|R],R).
        transitiv_verb([liebt|R],R).
        transitiv_verb([jagt|R],R).
        transitiv_verb([beisst|R],R).
```

MORSEN.PRO

```
/*  morsen.pro */

/* Probleme und Loesungen mit Turbo-Prolog
   Aufruf: morsen("Botschaft",T)                    */

predicates
        morsezeichen(char,string)
        morsen(string,string)

clauses
        morsen("","").
        morsen(B,A):-
            frontstr(1,B,C,B1),
            upper_lower(S,C),
            str_char(S,T),
            morsezeichen(T,Z),
            concat(Z,"/",Z1),
            morsen(B1,A1),
            concat(Z1,A1,A).
```

```
morsezeichen(' '," ").
morsezeichen(','," ").
morsezeichen('!'," ").
morsezeichen('-'," ").
morsezeichen('A',".-").
morsezeichen('B',"-...").
morsezeichen('C',"-.-.").
morsezeichen('D',"-..").
morsezeichen('E',".").
morsezeichen('F',"..-.").
morsezeichen('G',"--.").
morsezeichen('H',"....").
morsezeichen('I',"..").
morsezeichen('J',".---").
morsezeichen('K',"-.-").
morsezeichen('L',".-..").
morsezeichen('M',"--").
morsezeichen('N',"-.").
morsezeichen('O',"---").
morsezeichen('P',".--.").
morsezeichen('Q',"--.-").
morsezeichen('R',".-.").
morsezeichen('S',"...").
morsezeichen('T',"-").
morsezeichen('U',"..-").
morsezeichen('V',"...-").
morsezeichen('W',".--").
morsezeichen('X',"-..-").
morsezeichen('Y',"-.--").
morsezeichen('Z',"--..").
morsezeichen('0',"-----").
morsezeichen('1',".----").
morsezeichen('2',"..---").
morsezeichen('3',"...--").
morsezeichen('4',"....-").
morsezeichen('5',".....").
morsezeichen('6',"-....").
morsezeichen('7',"--...").
morsezeichen('8',"---..").
morsezeichen('9',"----.").
```

ELIZA.PRO

```
/*  eliza.pro  */

/* Probleme und Loesungen in Turbo-Prolog

   Dies ist eine Prolog-Version des bekannten
   Eliza-Programms von Joseph Weizenbaum. Da die
   englische Grammatik einfacher als die deutsche
   ist, wurde das Programm in englischer Sprache
   belassen.
   Es könnte sich folgender Dialog entwickeln:
     Hi,I'm Eliza
     How are you today ?
     I'm feeling bad !
     Did you have a happy childhood ?
     I love my family !
     What about your parents ? ...
     ......
     Thank you for communicating with me !
     Have a nice day.
   Der Dialog wird mit "quit" beendet.
   Aufruf : eliza                            */

database
     fragen(string)
     keine_antwort(string)
     anknuepfung(symbol,symbol)
     themen(string)
     antworten(string)

predicates
     conversation
     patient(string)
     doktor(string)
     erwiderung(string)
     hello
     entferne
     eliza

clauses
     eliza:-
     hello,
     assert(fragen("How are you today?")),
     assert(fragen("Did you have a happy childhood?")),
```

```prolog
    assert(fragen("What about your parents?")),
    assert(fragen("I'm not sure I understand you fully")),
    assert(fragen("Can you think of a specific example?")),
    assert(fragen("Do you have any friends ?")),
    assert(fragen("What would please you the most?")),
    assert(fragen("What other connections do you see?")),
    assert(keine_antwort("")),
    assert(anknuepfung("unhappy","Why are you unhappy ?")),
    assert(anknuepfung("think","Why do you think so ?")),
    assert(anknuepfung("you","We were discussing you -not me!")),
    assert(anknuepfung("hate","So you hate tell me more ")),
    assert(anknuepfung("what","Why do you ask ?")),
    assert(anknuepfung("want","What would you do with it ?")),
    assert(anknuepfung("need","We all need many things.")),
    assert(anknuepfung("why","There are many reasons for.")),
    assert(anknuepfung("know","How do you know that ?")),
    assert(anknuepfung("never","Don't be so negative!")),
    assert(anknuepfung("nobody","Really nobody ?")),
    assert(anknuepfung("dream","Tell me more about your dreams")),
    assert(anknuepfung("money","Money is not everything in the world")),
    assert(anknuepfung("sex","Don't speak of sex!")),
    assert(anknuepfung("family","Tell me more about your family")),
    assert(anknuepfung("love","Do you think it's a normal feeling?")),
    assert(anknuepfung("life","Life brings up and down.")),
    assert(anknuepfung("friend","What do you think about your friends?")),
    conversation.
conversation:-
        keine_antwort(S),
        S=quit,
        write("Thank for communicating with me!"),nl,
        write("Have a nice day."),nl,
        entferne.
conversation:-
        retract(keine_antwort(S)),
        doktor(S),
        write(": "),
        readln(P),
        patient(P),
        conversation.
doktor(""):-
        retract(themen(R)),
        R<>"",
        write("You just said ",'"'),
        write(R,'"'),nl,
        write("Tell me more ..."),nl.
```

```prolog
doktor(""):-
    retract(fragen(R)),
    assertz(fragen(R)),
    write(R),nl.
doktor(S):-
    erwiderung(S),
    assert(themen(S)),nl.
doktor(_):-
    retract(themen(R)),
    R<>"",
    write("You just said ",''''),
    write(R,''''),nl,
    write("Tell me more ..."),nl.
erwiderung(""):- fail.
erwiderung(S):-
    fronttoken(S,T,_),
    anknuepfung(T,T2),
    write(T2," ").
erwiderung(S):-
    fronttoken(S,_,S2),
    erwiderung(S2).
patient(S):-
    antworten(S),
    write("You are repeating yourself.."),nl,
    write(": "),
    readln(S2),
    patient(S2).
patient(S):-
    assert(antworten(S)),
    assert(keine_antwort(S)).
hello:-
    write("Hello - I'm Eliza"),nl.
entferne:-
    retract(anknuepfung(_,_)),fail.
entferne:-
    retract(keine_antwort(_)),fail.
entferne:-
    retract(fragen(_)),fail.
entferne:-
    retract(themen(_)),fail.
entferne:-
    retract(antworten(_)),fail.
entferne.
```

2.11 Datenbanken

EUROPA.PRO

```
/* europa.pro */

/* Probleme und Loesungen mit Turbo-Prolog

 moegliche Aufrufe:  land(X,_,sofia,_,_)
            hauptstadt(X,Y)
            kennzeich(finnland,K)
            eg(EG) usw.           */

domains
        list = symbol*

predicates
        land(symbol,symbol,symbol,symbol,symbol)
        hauptstadt(symbol,symbol)
        eg(list)
        nato(list)
        efta(list)
        comecon(list)
        kennzeich(symbol,symbol)

clauses
        land(bundesrepublik,d,bonn,eg,nato).
        land(ddr,ddr,berlin,"",comecon).
        land(england,gb,london,eg,nato).
        land(frankreich,f,paris,eg,nato).
        land(spanien,e,madrid,eg,nato).
        land(ungarn,h,budapest,"",comecon).
        land(italien,i,rom,eg,nato).
        land(liechtenstein,fl,vaduz,"","").
        land(schweiz,ch,bern,efta,"").
        land(oesterreich,a,wien,efta,"").
        land(holland,nl,amsterdam,eg,nato).
        land(schweden,s,stockholm,efta,"").
        land(norwegen,n,oslo,efta,"").
        land(finnland,sf,helsinki,efta,comecon).
        land(polen,pl,warschau,"",comecon).
        land(luxemburg,l,luxemburg,eg,nato).
        land(daenemark,dk,kopenhagen,eg,nato).
        land(tschechoslowakei,cs,prag,"",comecon).
        land(rumaenien,ro,bukarest,"",comecon).
```

```
        land(tuerkei,tr,ankara,"",nato).
        land(griechenland,gr,athen,eg,nato).
        land(albanien,al,tirana,"",comecon).
        land(portugal,p,lissabon,eg,"").
        land(belgien,b,bruessel,eg,nato).
        land(jugoslawien,yu,belgrad,"","").
        land(bulgarien,bg,sofia,"",comecon).
        land(irland,irl,dublin,eg,"").
        land(island,is,reykjavik,efta,nato).
        land(udssr,su,moskau,"",comecon).
        hauptstadt(L,H):-
             land(L,_,H,_,_).
        eg(L):-
             findall(X,land(X,_,_,eg,_),L).
        nato(L):-
             findall(X,land(X,_,_,_,nato),L).
        efta(L):-
             findall(X,land(X,_,_,efta,_),L).
        comecon(L):-
             findall(X,land(X,_,_,_,comecon),L).
        kennzeich(L,X):-
             land(L,X,_,_,_).
```

STERNE.PRO

```
/* sterne.pro */

/* Probleme und Loesungen mit Turbo-Prolog
   Auswertung des Sternenkatalogs
   "Die hundert hellsten Sterne" sterne.dba
   Moegliche Aufrufe:
        entfernung("Alpha UMi",X)
        name("Sirius",X)
        name("Alpha Lyr",X)
        farbenindex(1.8,X) Farbenindex > 1.8
        helligkeit(2.0,X)  heller als 2.0
    wichtig: vor jeden Aufruf muss zuerst
        consult("sterne.dba") eingeben werden */


database
        stern(string,real,real,real,string)


predicates
        entfernung(string,integer)
        name(string,string)
```

```
        farbenindex(real,string)
        helligkeit(real,string)

clauses
        entfernung(Wiss,X):-
            consult("sterne.dba"),
            stern(Wiss,_,_,A,_),
            A <>0,
            X = 3.262/A,!.
        entfernung(Wiss,_):-
            stern(Wiss,_,_,0,_),
            write("Parallax.winkel zu klein"),nl.
        name(Trivial,Wiss):-
            stern(Wiss,_,_,_,Trivial),!.
        name(Wiss,Trivial):-
            stern(Wiss,_,_,_,Trivial),
            Trivial<>"",!.
        farbenindex(FI,Wiss):-
            stern(Wiss,F,_,_,_),
            F >=FI.
        helligkeit(H,Wiss):-
            stern(Wiss,_,H1,_,_),
            H1 >= H.
```

STERNE.DBA

```
stern("Sonne",0.65,4.83,8.796,"")
stern("Alpha And",-0.10,-0.9,0.024,"Sirrah")
stern("Beta Cas",0.34,1.5,0.072,"Caph")
stern("Alpha Phe",1.08,0.2,0.035,"")
stern("Alpha Cas",1.17,-1.0,0.009,"Schedir")
stern("Beta Cet",1.02,0.7,0.057,"Deneb")
stern("Gamma Cas",-0.22,-3.9,0.034,"")
stern("Beta And",1.62,0.1,0.043,"Mirach")
stern("Alpha UMi",0.6,-4.6,0.003,"Polaris")
stern("Alpha Eri",-0.18,-2.2,0.023,"Achenar")
stern("Gamma And",1.20,-2.2,0.005,"Alamak")
stern("Alpha Ari",1.15,0.2,0.043,"")
stern("Omicron Cet",1.7,-1.0,0.013,"Mira")
stern("Alpha Cet",1.64,-0.7,0.003,"Menkar")
stern("Beta Per",-0.1,-0.3,0.031,"Algol")
stern("Alpha Per",0.48,-4.3,0.029,"Mirfak")
stern("Alpha Tau",1.53,-0.7,0.048,"Aldebaran")
stern("Alpha Aur",0.79,-0.6,0.073,"Capella")
stern("Beta Ori",-0.03,-7.0,0,"Rigel").
```

```
stern("Gamma Ori",-0.22,-3.3,0.026,"Bellatrix")
stern("Beta Tau",-0.13,-2.0,0.018,"")
stern("Delta Ori",-0.21,-6.1,0,"")
stern("Alpha Lep",0.22,-4.7,0.002,"")
stern("Epsilon Ori",-0.19,-6.7,0,"")
stern("Zeta Ori",-0.21,-6.4,0.22,"")
stern("Kappa Ori",-0.18,-6.8,0.009,"")
stern("Alpha Ori",1.86,-6.0,0.005,"Beteigeuze")
stern("Beta Aur",0.03,-0.2,0.037,"")
stern("Beta UMa",-0.24,-4.5,0.014,"")
stern("Alpha Car",0.16,-4.7,0.018,"")
stern("Gamma Gem",0.00,-0.4,0.031,"")
stern("Alpha UMa",0.00,1.41,0.375,"Sirius")
stern("Epsilon UMa",-0.22,-5.0,0.001,"")
stern("Delta UMa",0.67,-7.3,0,"").
stern("Eta UMa",-0.07,-7.0,0,"")
stern("Alpha Gem",0.04,0.85,0,"")
stern("Alpha UMi",0.41,2.65,0.288,"Procyon")
stern("Beta Gem",1.00,0.95,0.093,"Pollux")
stern("Zeta Pup",-0.27,-7.0,0,"")
stern("Gamma Vel",-0.26,-4.0,0,"")
stern("Epsilon Car",1.30,-3.0,0,"")
stern("Delta Vel",0.04,0.1,0.043,"").
stern("Lambda Vel",1.69,-4.5,0.015,"")
stern("Beta Car",0.00,-0.4,0.038,"")
stern("Iota Car",0.18,-4.5,0.011,"")
stern("Kappa Vel",-0.20,-3.0,0.007,"")
stern("Alpha Hya",1.43,-0.4,0.017,"Alfard")
stern("Alpha Leo",-0.11,-0.6,0.039,"Regulus")
stern("Gamma Leo",1.12,-0.5,0.019,"")
stern("Beta UMa",-0.02,0.5,0.042,"Merak")
stern("Alpha UMa",1.05,-0.7,0.031,"Dubhe")
stern("Delta Leo",0.12,0.7,0.040,"")
stern("Beta Leo",0.09,1.58,0.076,"Denebola")
stern("Gamma UMa",0.00,0.5,0.020,"Phekda")
stern("Gamma Crv",-0.11,-2.0,0,"")
stern("Alpha Cru",-0.26,-3.5,0.008,"")
stern("Gamma Cru",1.00,-2.5,0,"")
stern("Gamma Cen",-0.02,-0.5,0.006,"")
stern("Beta Cru",-0.24,-4.7,0,"")
stern("Epsilon UMa",-0.02,-0.2,0.008,"Alioth")
stern("Zeta UMa",0.03,0.0,0.037,"Mizar")
stern("Alpha Vir",-0.23,-3.4,0.021,"Spica")
stern("Epsilon Cen",-0.23,-3.6,0,"")
stern("Eta UMa",-0.19,-1.6,0.004,"")
```

```
stern("Zeta Cen",-0.24,-3.5,0,"")
stern("Beta Cen",-0.23,-5.0,0.016,"")
stern("Theta Cen",1.02,1.0,0.059,"")
stern("Alpha Boo",1.23,-0.2,0.090,"Arkturus")
stern("Eta Cen",-0.21,-3.0,0,"")
stern("Alpha Cen",0.7,4.3,0.751,"")
stern("Alpha Lup",-0.22,-2.5,0,"")
stern("Epsilon Boo",0.96,-0.2,0.013,"")
stern("Beta UMi",1.46,-0.5,0.031,"Kochab")
stern("Alpha CrB",-0.02,0.5,0.043,"")
stern("Delta Sco",-0.11,-4.0,0,"")
stern("Beta Sco",-0.08,-3.8,0.004,"Acrab")
stern("Alpha Sco",1.81,-4.7,0.019,"Antares")
stern("Zeta Oph",0.02,-3.8,0,"")
stern("Alpha TrA",1.43,-0.3,0.024,"")
stern("Epsilon Sco",1.15,0.7,0.049,"")
stern("Eta Oph",0.05,0.8,0.047,"")
stern("Lambda Sco",-0.22,-3.0,0,"")
stern("Theta Sco",0.40,-4.5,0.020,"")
stern("Alpha Oph",0.15,0.8,0.056,"")
stern("Kappa Sco",-0.22,-3.3,0,"")
stern("Gamma Dra",1.52,-0.6,0.017,"")
stern("Epsilon Sgr",-0.02,-1.5,0.015,"")
stern("Alpha Lyr",0.00,0.5,0.123,"Vega")
stern("Sigma Sgr",-0.20,-2.5,0,"")
stern("Alpha Aql",0.22,2.3,0.198,"Altair")
stern("Alpha Pav",-0.20,-2.9,0,"")
stern("Gamma Cyg",0.67,-4.7,0,"")
stern("Alpha Cyg",0.09,-7.3,0,"")
stern("Epsilon Cyg",1.03,0.6,0.044,"")
stern("Alpha Cep",0.23,1.5,0.063,"Alderamin")
stern("Epsilon Peg",1.55,-4.6,0,"")
stern("Alpha Gru",-0.14,0.2,0.051,"")
stern("Beta Gru",1.6,-2.5,0.003,"")
stern("Alpha PsA",0.09,1.9,0.144,"Fomalhaut")
stern("Beta Peg",1.66,-1.4,0.015,"")
stern("Alpha Peg",-0.04,-0.1,0.030,"Markab")
```

ATOMKERN.PRO

```
/*  atomkern.pro */

/* Probleme und Loesungen mit Turbo-Prolog
   Datenbank fuer alle stabilen Atomkerne :
           atomkern.dba
   Datenbank fuer Elementsnamen  :element.dba
   Prognose, welche Art von radioaktiver Zerfall
   auftritt
   Aufruf: zerfall(6,12) liefert :
                   Kohlenstoff C stabil
           zerfall(45,100) liefert :
                   Rhodium Rh Beta-Minus-Zerfall
   Die beiden Datenbanken koennen auch direkt
   befragt werden (vorher mit consult laden):
           stabil(45,X)
           element("Blei",_,45)        */


database
        stabil(integer,integer)
        element(string,string,integer)
predicates
        zerfall(integer,integer)
        stabil_grenze(integer,integer)
        radioaktiv(integer,integer)
clauses
        zerfall(Z,A):-
            consult("element.dba"),
            element(N1,N2,Z),
            write(N1," ",N2,"\n"),
            consult("atomkern.dba"),
            radioaktiv(Z,A),!.
        zerfall(_,_):-
            write("mehrere Zufallsarten\n").
        stabil_grenze(Z,A):-
            A1 = 1.981+0.015*exp(2*ln(A)/3),
            Z = A/A1+0.5.
        radioaktiv(Z,A):-
            stabil(Z,A),
            write("stabil\n").
        radioaktiv(Z,A):-
            not(stabil(Z,A)),
            Z=62;Z=64;Z=66;Z=67;Z>83,
            write("möglicher Alpha-Zerfall\n"),nl.
```

```
        radioaktiv(Z,A):-
              not(stabil(Z,A)),
              stabil_grenze(Z0,A),
              Z > Z0,
              write(" Beta-Plus-Zerfall\n").
        radioaktiv(Z,A):-
              not(stabil(Z,A)),
              stabil_grenze(Z0,A),
              Z < Z0,
              write(" Beta-Minus-Zerfall\n").
```

ELEMENT.DBA

```
element("Actinium","Ac",89)
element("Aluminium","Al",13)
element("Americium","Am",95)
element("Antimon","Sb",51)
element("Argon","Ar",18)
element("Arsen","As",33)
element("Astat","At",85)
element("Barium","Ba",56)
element("Berkelium","Bk",97)
element("Beryllium","Be",4)
element("Blei","Pb",82)
element("Bor","B",5)
element("Brom","Br",35)
element("Cadmium","Cd",48)
element("Calcium","Ca",20)
element("Californium","Cf",98)
element("Caesium","Cs",55)
element("Cer","Ce",58)
element("Chlor","Cl",17)
element("Chrom","Cr",24)
element("Curium","Cm",96)
element("Dysprosium","Dy",66)
element("Einsteinium","Es",99)
element("Eisen","Fe",26)
element("Erbium","Er",68)
element("Europium","Eu",63)
element("Fermium","Fm",100)
element("Fluor","F",9)
element("Francium","Fr",87)
element("Gadolinium","Gd",64)
element("Gallium","Ga",31)
element("Germanium","Ge",32)
```

```
element("Gold","Au",79)
element("Hafnium","Hf",72)
element("Helium","He",2)
element("Holmium","Ho",67)
element("Indium","In",49)
element("Iridium","Ir",77)
element("Jod","J",53)
element("Kalium","K",19)
element("Kobalt","Co",27)
element("Kohlenstoff","C",6)
element("Krypton","Kr",36)
element("Kupfer","Cu",29)
element("Lanthan","La",57)
element("Lawrentium","Lr",103)
element("Lithium","Li",3)
element("Lutetium","Lu",71)
element("Magnesium","Mg",12)
element("Mangan","Mn",25)
element("Mendelevium","Mv",101)
element("Molybdaen","Mo",42)
element("Natrium","Na",11)
element("Neodym","Nd",60)
element("Neon","Ne",10)
element("Neptunium","Np",93)
element("Nickel","Ni",28)
element("Niob","Nb",41)
element("Nobelium","No",102)
element("Osmium","Os",76)
element("Palladium","Pd",46)
element("Phosphor","P",15)
element("Platin","Pt",78)
element("Plutonium","Pu",94)
element("Polonium","Po",84)
element("Praseodym","Pr",59)
element("Promethium","Pm",61)
element("Proactinium","Pa",91)
element("Quecksilber","Hg",80)
element("Radium","Ra",88)
element("Radon","Rn",86)
element("Rhenium","Re",75)
element("Rhodium","Rh",45)
element("Rubidium","Rb",37)
element("Ruthenium","Ru",44)
element("Samarium","Sm",62)
element("Sauerstoff","O",8)
```

```
element("Scandium","Sc",21)
element("Schwefel","S",16)
element("Selen","Se",34)
element("Silber","Ag",47)
element("Silicium","Si",14)
element("Stickstoff","N",7)
element("Strontium","Sr",38)
element("Tantal","Ta",73)
element("Technetium","Tc",43)
element("Tellur","Te",52)
element("Terbium","Rb",65)
element("Thallium","Tl",81)
element("Thorium","Th",90)
element("Thulium","Tm",69)
element("Titan","Ti",22)
element("Uran","U",92)
element("Vanadium","V",23)
element("Wasserstoff","H",1)
element("Wismut","Bi",83)
element("Wolfram","W",74)
element("Xenon","Xe",54)
element("Ytterbium","Yb",70)
element("Yttrium","Y",39)
element("Zink","Zn",30)
element("Zinn","Sn",50)
element("Zirkon","Zr",40)
```

ATOMKERN.DBA

```
stabil(1,1)
stabil(1,2)
stabil(2,3)
stabil(2,4)
stabil(3,6)
stabil(3,7)
stabil(4,9)
stabil(5,10)
stabil(5,11)
stabil(6,12)
stabil(6,13)
stabil(7,14)
stabil(7,15)
stabil(8,16)
stabil(8,17)
stabil(8,18)
```

```
stabil(9,19)
stabil(10,20)
stabil(10,21)
stabil(10,22)
stabil(11,23)
stabil(12,24)
stabil(12,25)
stabil(12,26)
stabil(13,27)
stabil(14,28)
stabil(14,29)
stabil(14,30)
stabil(15,31)
stabil(16,32)
stabil(16,33)
stabil(16,34)
stabil(16,36)
stabil(17,35)
stabil(17,37)
stabil(18,36)
stabil(18,38)
stabil(18,40)
stabil(19,39)
stabil(19,40)
stabil(19,41)
stabil(20,40)
stabil(20,42)
stabil(20,43)
stabil(20,44)
stabil(20,46)
stabil(20,48)
stabil(21,45)
stabil(22,46)
stabil(22,47)
stabil(22,48)
stabil(22,49)
stabil(22,50)
stabil(23,51)
stabil(24,50)
stabil(24,52)
stabil(24,53)
stabil(24,54)
stabil(25,55)
stabil(26,54)
stabil(26,56)
```

```
stabil(26,57)
stabil(26,58)
stabil(27,58)
stabil(28,58)
stabil(28,60)
stabil(28,61)
stabil(28,62)
stabil(28,64)
stabil(29,63)
stabil(29,65)
stabil(30,64)
stabil(30,66)
stabil(30,67)
stabil(30,68)
stabil(30,70)
stabil(31,69)
stabil(31,71)
stabil(32,70)
stabil(32,72)
stabil(32,73)
stabil(32,74)
stabil(32,76)
stabil(33,75)
stabil(34,74)
stabil(34,76)
stabil(34,77)
stabil(34,78)
stabil(34,80)
stabil(34,82)
stabil(35,79)
stabil(35,81)
stabil(36,78)
stabil(36,80)
stabil(36,82)
stabil(36,83)
stabil(36,84)
stabil(36,86)
stabil(37,85)
stabil(37,87)
stabil(38,84)
stabil(38,86)
stabil(38,87)
stabil(38,88)
stabil(39,89)
stabil(40,90)
```

```
stabil(40,91)
stabil(40,92)
stabil(40,93)
stabil(40,94)
stabil(40,96)
stabil(41,93)
stabil(42,92)
stabil(42,94)
stabil(42,95)
stabil(42,96)
stabil(42,97)
stabil(42,98)
stabil(42,100)
stabil(44,96)
stabil(44,98)
stabil(44,99)
stabil(44,100)
stabil(44,101)
stabil(44,102)
stabil(44,104)
stabil(45,103)
stabil(46,102)
stabil(46,104)
stabil(46,105)
stabil(46,106)
stabil(46,108)
stabil(46,110)
stabil(47,107)
stabil(47,109)
stabil(48,106)
stabil(48,108)
stabil(48,110)
stabil(48,111)
stabil(48,112)
stabil(48,113)
stabil(48,114)
stabil(48,116)
stabil(49,113)
stabil(49,115)
stabil(50,112)
stabil(50,114)
stabil(50,115)
stabil(50,116)
stabil(50,117)
stabil(50,118)
```

```
stabil(50,119)
stabil(50,120)
stabil(50,122)
stabil(50,124)
stabil(51,122)
stabil(51,124)
stabil(52,120)
stabil(52,123)
stabil(52,124)
stabil(52,125)
stabil(52,126)
stabil(52,128)
stabil(52,130)
stabil(53,127)
stabil(54,124)
stabil(54,126)
stabil(54,128)
stabil(54,129)
stabil(54,130)
stabil(54,131)
stabil(54,132)
stabil(54,134)
stabil(54,136)
stabil(55,133)
stabil(56,130)
stabil(56,132)
stabil(56,134)
stabil(56,135)
stabil(56,136)
stabil(56,137)
stabil(56,138)
stabil(57,138)
stabil(57,139)
stabil(58,136)
stabil(58,138)
stabil(58,140)
stabil(58,142)
stabil(59,141)
stabil(60,142)
stabil(40,143)
stabil(40,144)
stabil(40,145)
stabil(40,146)
stabil(40,148)
stabil(40,150)
```

```
stabil(62,144)
stabil(63,147)
stabil(63,151)
stabil(63,153)
stabil(63,152)
stabil(63,154)
stabil(63,155)
stabil(63,156)
stabil(63,157)
stabil(64,158)
stabil(64,160)
stabil(65,159)
stabil(66,156)
stabil(66,158)
stabil(66,160)
stabil(66,162)
stabil(66,163)
stabil(66,164)
stabil(67,165)
stabil(68,162)
stabil(68,164)
stabil(68,166)
stabil(68,167)
stabil(68,168)
stabil(68,170)
stabil(69,169)
stabil(70,168)
stabil(70,170)
stabil(70,171)
stabil(70,172)
stabil(70,173)
stabil(70,174)
stabil(70,176)
stabil(71,175)
stabil(71,176)
stabil(72,174)
stabil(72,176)
stabil(72,177)
stabil(72,178)
stabil(72,179)
stabil(72,180)
stabil(73,181)
stabil(75,183)
stabil(75,185)
stabil(75,187)
```

stabil(76,184)
stabil(76,186)
stabil(76,187)
stabil(76,188)
stabil(76,190)
stabil(76,192)
stabil(77,191)
stabil(77,193)
stabil(78,190)
stabil(78,192)
stabil(78,194)
stabil(78,195)
stabil(78,196)
stabil(78,198)
stabil(79,197)
stabil(80,196)
stabil(80,198)
stabil(80,199)
stabil(80,200)
stabil(80,201)
stabil(80,202)
stabil(80,204)
stabil(81,203)
stabil(81,205)
stabil(82,204)
stabil(82,206)
stabil(82,207)
stabil(82,208)
stabil(83,209)

2.12 Expertensystem

EXPERT.PRO

```
/* expert.pro */

/* Problem und Loesungen in Turbo-Prolog

   Expertensystem zum Bestimmen von Edelsteinen  */

database
    xpositiv(symbol,symbol,symbol)
    xnegativ(symbol,symbol,symbol)
predicates
    run
    edelstein(symbol)
    farbe(symbol)
    doppelbrechend
    nicht_doppelbrechend
    brechungsindex(real,real)
    dichte(real,real)
    brinell_haerte(real,real)
    positiv(symbol,symbol,symbol)
    negativ(symbol,symbol,symbol)
    loesche_fakten
    speichern(symbol,symbol,symbol,symbol)
    stelle_frage(symbol,symbol,symbol)
goal
    run.
clauses
    run:-
        makewindow(1,14,7,"expert.pro",4,4,20,70),
        write("\t\t===================================\n"),
        write("\t\t        Expertensystem zur\n"),
        write("\t\t    Klassikation von Edelsteinen\n"),
        write("\t\t===================================\n"),
        edelstein(X),!,
        upper_lower(X1,X),
        write("\nDer Edelstein ist vermutlich ein ",X1),
        nl,nl,loesche_fakten.
    run:-
        write("\nAufgrund meiner Wissensbasis kann ich nicht "),
        write("ermitteln, was fuer ein Edelstein das ist.\n\n"),
        loesche_fakten.
    positiv(X,Y,Z) :-
```

```prolog
        xpositiv(X,Y,Z),!.
    positiv(X,Y,Z) :-
        not(negativ(X,Y,Z)),!,
        stelle_frage(X,Y,Z).
    negativ(X,Y,Z) :-
        xnegativ(X,Y,Z),!.
    stelle_frage(X,Y,Z):-
        write(X," ",Y," ",Z,"(ja/nein)?\n"),
        readln(Antwort),nl,
        speichern(X,Y,Z,Antwort).
    speichern(X,Y,Z,ja):-
        asserta(xpositiv(X,Y,Z)).
    speichern(X,Y,Z,nein):-
        asserta(xnegativ(X,Y,Z)),
        fail.
    loesche_fakten:-
        retract(xpositiv(_,_,_)),fail.
    loesche_fakten:-
        retract(xnegativ(_,_,_)),fail.
    loesche_fakten:-
        write("\n\n-->2x Leertaste"),
        readchar(_).
edelstein(andradit):-
    farbe(gelb_gruen_schwarz),
    doppelbrechend,
    brechungsindex(1.874,1.876),
    dichte(3.8,4.88),
    brinell_haerte(6.5,7.0).
edelstein(korund):-
    farbe(farblos_gelb_rot_blau_violett),
    /* rot -> Rubin blau-> Saphir */
    doppelbrechend,
    brechungsindex(1.762,1.770),
    dichte(3.95,4.10),
    brinell_haerte(8.9,9.1).
edelstein(alexandrit):-  /* Chrysoberyll */
    farbe(rot_purpur_gelbgruen),
    doppelbrechend,
    brechungsindex(1.746,1.755),
    dichte(3.72,3.75),
    brinell_haerte(8.4,8.6).
```

```
edelstein(beryll):-
     farbe(blaugruen_gruen_rosa), /*blaugruen->Aquamarin */
      /*gruen-> Smaragd   rosa->Morganit */
     doppelbrechend,
     brechungsindex(1.577,1.583),
     dichte(2.60,2.75),
     brinell_haerte(7.5,8.0).
edelstein(bernstein):-
     farbe(braun),
     nicht_doppelbrechend,
     brechungsindex(1.541,1.543),
     dichte(1.078,1.082),
     brinell_haerte(2.0,2.8).
edelstein(almandin):-
     farbe(rot),
     nicht_doppelbrechend,
     brechungsindex(1.78,1.80),
     dichte(3.95,4.15),
     brinell_haerte(7.5,7.5).
 edelstein(olivin):-  /* Crysolith */
     farbe(gelbgruen),
     doppelbrechend,
     brechungsindex(1.654,1.690),
     dichte(3.78,3.95),
     brinell_haerte(6.5,7.0).
edelstein(diamant):-
     farbe(farblos_gelb_rot_blau_schwarz),
     nicht_doppelbrechend,
     brechungsindex(2.416,2.418),
     dichte(3.51,3.53),
     brinell_haerte(10.0,10.0).
edelstein(opal):-
     farbe(farblos_weiss_rot_gelb), /* rot-> Feueropal */
     nicht_doppelbrechend,
     brechungsindex(1.449,1.551),
     dichte(2.20,2.20),
     brinell_haerte(5.0,6.5).
edelstein(lapis_lazuli):-  /* Lasurit */
     farbe(blau_violett),
     nicht_doppelbrechend,
     brechungsindex(1.49,1.51),
     dichte(2.64,2.66),
     brinell_haerte(5.0,6.0).
```

```prolog
edelstein(spinell):-
      farbe(gelb_rosa_rot_violett),
      nicht_doppelbrechend,
      brechungsindex(1.717,1.719),
      dichte(3.58,3.88),
      brinell_haerte(7.9,8.1).
edelstein(quarz):-
      farbe(farblos_gelb_braun_rosa_violett),    /* Bergkristall */
      /* gelb-> Zitrin violett-> Amethyst */
      /* rosa-> Rosenquarz braun-> Rauchquarz */
      doppelbrechend,
      brechungsindex(1.544,1.553),
      dichte(2.658,2.662),
      brinell_haerte(6.9,7.1).
edelstein(granat):-
      farbe(rot),
      nicht_doppelbrechend,
      brechungsindex(1.745,1.747),
      dichte(3.6,3.8),
      brinell_haerte(7.0,7.25).
edelstein(rhodolit):-
      farbe(rosa_violett),
      nicht_doppelbrechend,
      brechungsindex(1.753,1.766),
      dichte(3.75,3.90),
      brinell_haerte(7.25,7.25).
edelstein(spodumen):-
      farbe(farblos_rosa_gelb_gruen_grau_blau),
      doppelbrechend,
      brechungsindex(1.660,1.676),
      dichte(3.15,3.22),
      brinell_haerte(6.0,7.0).
 edelstein(zirkon):-
      farbe(farblos_rot_gruen_blauschwarz),
      doppelbrechend,
      brechungsindex(1.875,1.905),
      dichte(4.32,4.60),
      brinell_haerte(7.4,7.6).
 edelstein(turmalin):-
      farbe(farblos_rosa_gruen_tuerkis),
      doppelbrechend,
      brechungsindex(1.624,1.644),
      dichte(3.01,3.10),
      brinell_haerte(7.0,7.25).
```

```
edelstein(topas):-
    farbe(farblos_gelb_rosa_violett),
    doppelbrechend,
    brechungsindex(1.619,1.627),
    dichte(3.51,3.54),
    brinell_haerte(7.9,8.1).
edelstein(rutil):-
    farbe(farblos_gelb_braun_schwarz),
    doppelbrechend,
    brechungsindex(2.62,2.90),
    dichte(4.24,4.68),
    brinell_haerte(6.5,7.0).
  farbe(X):-
      positiv("Hat_er_eine_der_Farben: ",X,""),!.
  doppelbrechend :-
      positiv("Ist_er_doppelbrechend: ","",""),!.
  nicht_doppelbrechend:-
      not(positiv("Ist_er_doppelbrechend: ","","")),!.
  brechungsindex(X1,X2):-
      str_real(Y1,X1),
      str_real(Y2,X2),
      positiv("Brechungsindex_zwischen: ",Y1,Y2).
  dichte(X1,X2):-
      str_real(Y1,X1),
      str_real(Y2,X2),
      positiv("Dichte_zwischen: ",Y1,Y2).
  brinell_haerte(X1,X2):-
      str_real(Y1,X1),
      str_real(Y2,X2),
      positiv("Brinell-Haerte_zwischen: ",Y1,Y2).
```

2.13 DOS

BENCHMK1.PRO

```
/*  benchmk1.pro   */

/* Probleme und Loesungen in Turbo-Prolog */

predicates
       run(integer)
       funktion(integer)
goal
       makewindow(1,14,12,"Benchmark 1",1,5,10,60),
       run(30000).
clauses
       run(N):-
          writef("Es wird eine rekursive Funktion % mal aufgerufen\n",N),
          N1 = 3.0*N,
          writef("Dies sind %7.0f logische Interferenzen\n",N1),
          time(H1,M1,S1,Hs1),
          funktion(N),
          time(H2,M2,S2,Hs2),
          write("Benoetigte Zeit "),nl,
          write("von ",H1,":",M1,":",S1,":",Hs1),nl,
          write("bis ",H2,":",M2,":",S2,":",Hs2),nl,
          S3= 3600.0*(H2-H1)+60.0*(M2-M1)+(S2-S1)+0.01*(Hs2-Hs1),
          Lips = N1/S3,
          writef("Dies entspricht %6.0f LIPS\n",Lips).
       funktion(0).
       funktion(X):-
          X1 = X-1,
           funktion(X1).
```

BENCHMK2.PRO

```
/*    benchmk2.pro */

/*    Probleme und Loesungen in Turbo-Prolog */

domains
        liste = integer*
predicates
        reverse(liste,liste)
        append(liste,liste,liste)
        test(liste)
goal
        makewindow(1,7,14,"Benchmark 2",10,10,10,50),
        test([0,1,2,3,4,5,6,7]).
clauses
        append([],Z,Z).
        append([X|Y],Z,[X|U]) :-
                append(Y,Z,U).
        reverse([],[]).
        reverse([X|Y],Z) :-
                reverse(Y,U),
                append(U,[X],Z).
        test(List8):-
        write("Es wird eine Liste mit 256 Elementen erzeugt\n"),
        write("und die Reihenfolge vertauscht\n"),
        N = 33153.0,
        writef("Dies erfordert %7.0f logische Interferenzen\n,N"),
        time(H1,M1,S1,Hs1),
        append(List8,List8,List16),
        append(List16,List16,List32),
        append(List32,List32,List64),
        append(List64,List64,List128),
        append(List128,List128,List256),
        reverse(List256,_),
        time(H2,M2,S2,Hs2),
        write("Benoetigte Zeit "),nl,
        write("von ",H1,":",M1,":",S1,":",Hs1),nl,
        write("bis ",H2,":",M2,":",S2,":",Hs2),nl,
        S3 = 3600.0*(H2-H1)+60.0*(M2-M1)+(S2-S1)+0.01*(Hs2-Hs1),
        Lips = N/S3,
        writef("Dies entspricht %6.0f LIPS\n",Lips).
```

BIOS.PRO

```
/* bios.pro */

/* Probleme und Loesungen mit Turbo-Prolog */

/*  BIOS-Interrupts Werte fuer IBM-PC
    alle untenstehende Praedikate koennen
    aufgerufen werden,z.B.
    monitor(Monitor)
    avail_mem(Memory)                        */

predicates
    avail_mem(integer)  /* RAM in kB */
    equip_status(integer)
    printers(integer)    /* Zahl der Drucker */
    disk_drives(integer)  /* Zahl d.Floppies */
    serial_ports(integer) /* serielle Schnitt.*/
    game_port(integer)     /* Joystick nicht AT */
    math_processor(integer)
    display_type(integer)
    monitor(string)
    dos_version(integer,integer)

clauses
    avail_mem(Memory):-
        bios($12,reg(0,0,0,0,0,0,0,0),
                reg(Memory,_,_,_,_,_,_,_)).
    equip_status(Status):-
        bios($11,reg(0,0,0,0,0,0,0,0),
                reg(Status,_,_,_,_,_,_,_)).
    printers(Printers):-
        equip_status(Status),
        bitand(Status,$C000,P1),
        bitright(P1,14,Printers).
    disk_drives(Disk_Drives):-
        equip_status(Status),
        bitand(Status,$00C0,D1),
        bitright(D1,4,D2),
        Disk_Drives=D2+1.
    serial_ports(Serial_Ports):-
        equip_status(Status),
        bitand(Status,$0E00,S1),
        bitright(S1,9,Serial_Ports).
```

```
game_port(Game_Port):-
      equip_status(Status),
      bitand(Status,$1000,G1),
      bitright(G1,12,Game_Port).
math_processor(Math_Processor):-
      equip_status(Status),
      bitand(Status,$0002,M1),
      bitright(M1,1,Math_Processor).
display_type(Disp_Type):-
      bios($10,reg($0F00,0,0,0,0,0,0,0),
              reg(AX,_,_,_,_,_,_,_)),
      bitleft(AX,8,A1),
      bitright(A1,8,Disp_Type).
monitor("Monochrom"):-
      display_type(D),D=7.
monitor("RGB-Color"):-
      display_type(D),D=3.
monitor("Composite-Color"):-
      display_type(D),D=2.
dos_version(High,Low):-
      bios($21,reg($3000,0,0,0,0,0,0,0),
              reg(AX,_,_,_,_,_,_,_)),
      bitand(AX,$00FF,High),
      bitright(AX,8,Low).
```

3 Das Turbo-Prolog-System

3.1 Installation

Da Turbo-Prolog bereits auf den IBM-PC vorinstalliert ist, kann es auf Betriebssystemebene durch die Befehle

```
A>prolog  (bei Diskettenlaufwerk)
C>prolog  (bei Festplatten)
```

gestartet werden. Man benötigt mindestens einen Arbeitsspeicher von 384 Kbyte; empfohlen werden 512 Kbyte. Folgende Programme sollten sich auf der Diskette bzw. Platte befinden:

prolog.exe	Prolog-System
prolog.sys	Installationsdatei (falls bereits installiert)
prolog.err	Verzeichnis der Fehlermeldungen

Zum Kompilieren benötigt man in der Turbo-Prolog Version 1.0

plink.bat	Batchdatei, Verzeichnis wie prolog.exe
init.obj	Objektdatei zum Einbinden
prolog.lib	Prolog-Systembibliothek
linker	Link-Programm

Die drei letzten Programme können im Verzeichnis *prolog.exe* oder auch *OBJ* sein. Das Link-Programm kann auch mittels eines Pfad-Befehls erreicht werden. Ab der Turbo-Prolog Version 1.1 ist ein Linker im Turbosystem eingebaut; es werden daher nur noch die Dateien

```
init.obj
```

bzw.

```
prolog.lib
```

zum Erzeugen einer .EXE-Datei benötigt.

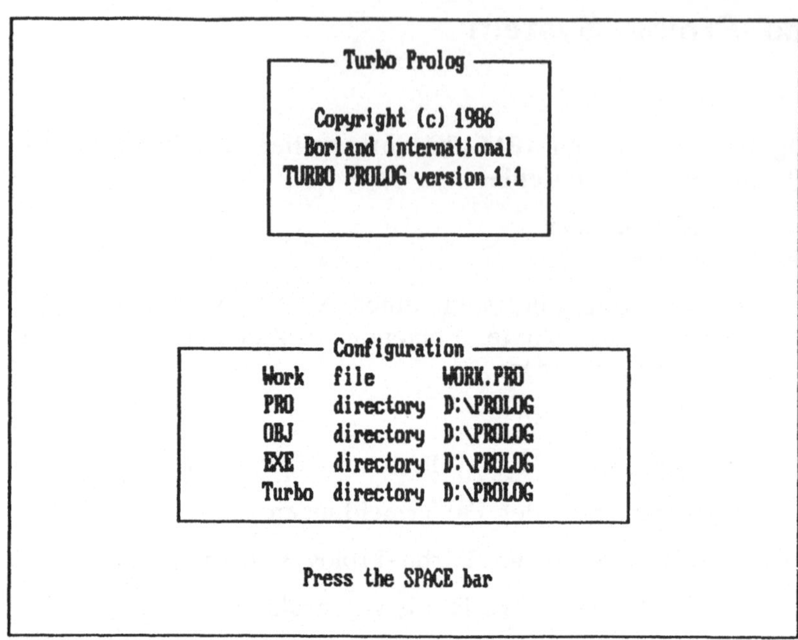

Bild 3.1 Eröffnungsbildschirm

Nach dem Laden des Prologsystems erscheint das Konfigurationsmenü. Die hier aufgeführten Unterverzeichnisse für Prolog-, Objekt- und Exe-Programme können im Hauptmenü nach Bedarf geändert werden. In das Hauptmenü kommt man durch das Drücken der Leertaste. Es erscheinen auf dem Bildschirm die vier Fenster

Editor	Eingabe und Ändern des Quellcodes
Dialog	Ein-/Ausgabebereich der Programme, sofern kein zusätzliches Fenster definiert ist
Message	System-Meldungen beim Laden/Speichern von Programmen bzw. zur Laufzeit, welche Prädikate benutzt werden
Trace	Ausgabe im Trace-Modus, d.h. beim schrittweisen Abarbeiten des Programms

Über den Fenstern befindet sich die Statuszeile mit den Menüpunkten

Run	Ausführen des Programms
Compile	Kompilieren
Edit	Aufruf des Editors
Options	Optionen für Compiler

Files	Dateizugriffe
Setup	Installation
Quit	Rückkehr zum Betriebssystem

Durch Drücken der Esc-Taste werden die einzelnen Menüpunkte verlassen. Mit den Cursortasten <- und -> wird ein neue Funktion ausgewählt und mit der Return-Taste bestätigt.

Die Auswahl der *Setup*-Option liefert das Untermenü

Colors	Setzen der Farben in den Fenstern
Window size	Setzen der Fenstergrößen. Diese werden mit Hilfe der Cursortasten gewählt; bei Drücken der Shift-Taste können sich die Fenster auch überlappen
Directories	Setzen der Unterverzeichnisse für die einzelnen Programm-Arten
Miscell.settings	Setzen des Stackbereichs; CGA-Modus, falls *Schnee* auf dem Bildschirm erscheint
Load configuration	Laden der Installationsdatei *prolog.sys*
Save configuration	Speichern von prolog.sys

(vgl. Bild 3.3). Der Menüpunkt *Files* enthält das Untermenü

Load	Laden einer Datei
Save	Speichern einer Datei
Directory	Anzeigen der Dateiverzeichnisse, es werden Laufwerksänderungen und Dateigruppenzeichen wie *.pro akzeptiert
Print	Ausdrucken einer Textdatei
Copy	Kopieren einer Datei
Rename	Umbenennen einer Datei
File Name	Namensgebung für Datei im Editor
Modul list	Anzeige aller ein Modul bildenden Dateien
Zap file in editor	Löschen der im Editor befindlichen Datei
Erase	Löschen einer Datei auf Diskette bzw. Platte
Operating system	Zeitweiliger Sprung in das Betriebssystem; Rücksprung erfolgt mit *exit*

(vgl. Bild 3.2). Alle Untermenüs können durch Drücken der Esc-Taste
verlassen werden, die Menüpunkte werden mittels Return-Taste ausgewählt.

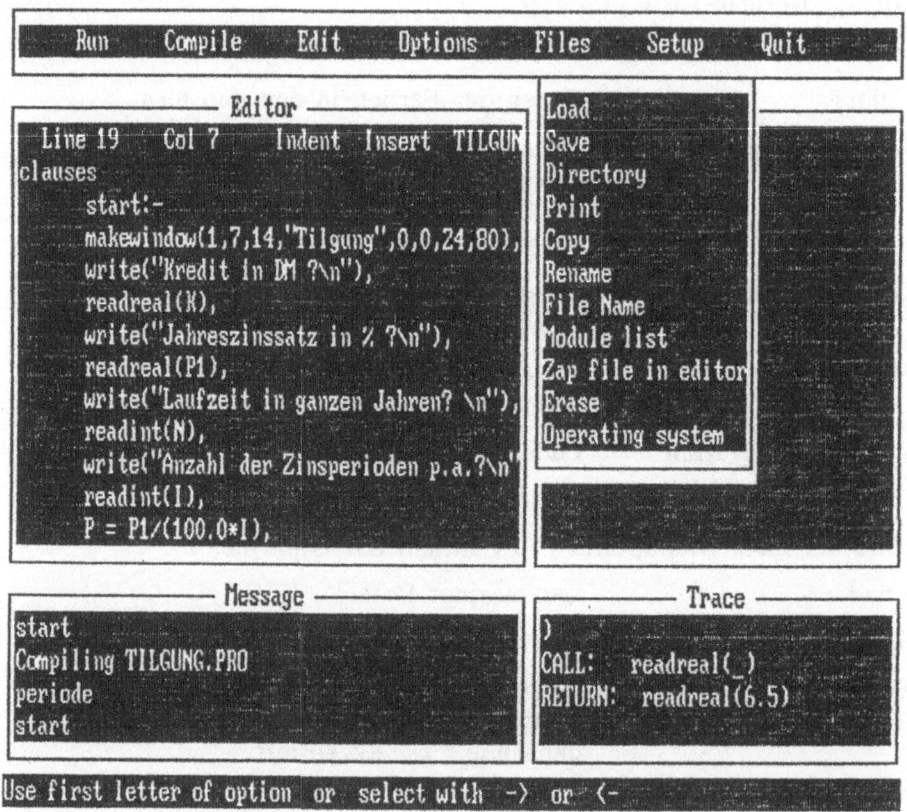

Bild 3.2 Files-Menü

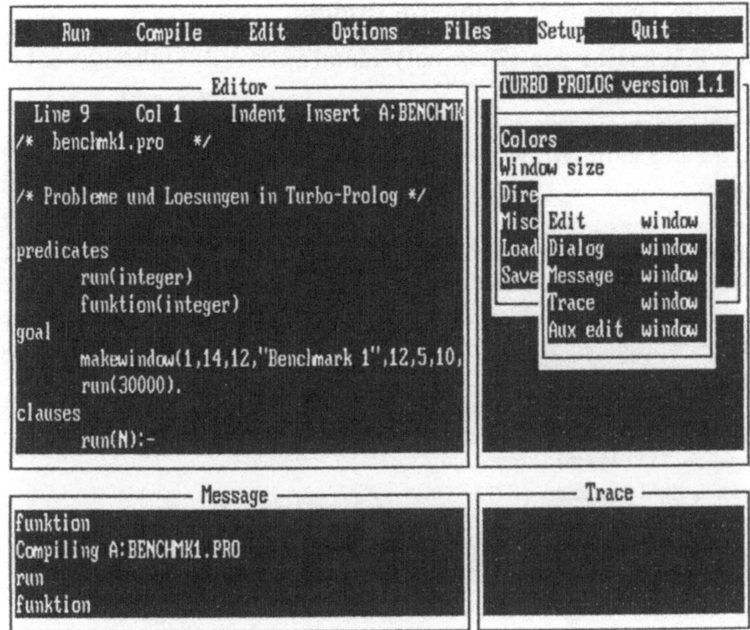

Bild 3.3 Setup-Menü

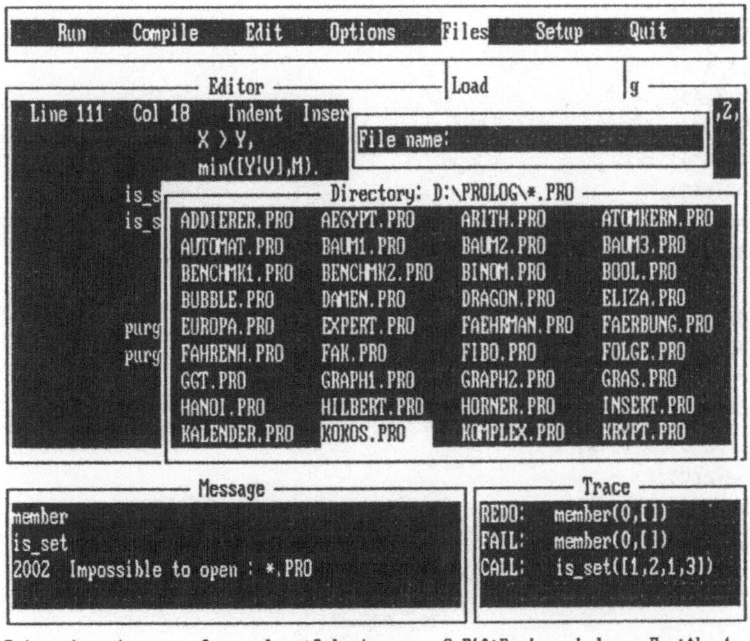

Bild 3.4 Directory-Untermenü

3.2 Abgrenzung gegenüber Standard-Prolog

Der auf der Rückseite des (Original)-Handbuchs [2] stehende Satz

```
... A complete Prolog incremental compiler that
conforms to the Clocksin and Mellish Edinburgh
Standard Prolog.
```

hat keineswegs einhellige Zustimmung gefunden. Tatsächlich gibt es eine ganze Reihe von Programmen in Clocksin/Mellish [4], die unter Turbo Prolog nicht lauffähig sind, wenn man von dem anderen Programmaufbau absieht. Ein Paradebeispiel für die Symbolverarbeitung in Prolog ist die symbolische Differentiation:

```
/* Symbolic Differentiation
Clocksin & Mellish page 172     */


?- op(10,yfx,^).
?- op(9,fx,~).


d(X,X,1):-!.
d(C,X,0) :- atomic(C).
d(~U,X,~A) :- d(U,X,A).
d(U+V,X,A+B) :- !,
    d(U,X,A),
    d(V,X,B).
d(U-V,X,A-B) :-!,
    d(U,X,A),
    d(V,X,B).
d(C*U,X,C*A) :-!,
    atomic(C),
    C\=X,
    d(U,X,A),!.
d(U*V,X,U*B+V*A) :-!,
    d(U,X,A),
    d(V,X,B).
d(U/V,X,A) :- !,
    d(U*V^(~1),X,A).
d(U^C,X,C*U^(C-1)*W) :-
    atomic(C),
    C\=X.
    d(U,X,W).
d(log(U),X,A*U^(~1) :- d(U,X,A).
```

Abgesehen von der fehlenden Typenvereinbarung und der abweichenden Schreibweise kann dieses Programm nicht unter Turbo-Prolog laufen, da dort die eingeschränkte Unifikation (vgl. Abschnitt 1.7) keine Instantiierung einer Formel wie z.B.

```
d(3*log(X)+X^5,X,_)
```

erlaubt. Turbo-Prolog kann nicht im Sinne von Standard-Prolog einen Term unifizieren, der einen Operator enthält. Die einzige Möglichkeit in Turbo-Prolog besteht darin, die ganze Formel als Zeichenkette aufzufassen, mit Hilfe der Stringoperationen diese in ihre Bestandteile zu zerlegen und die entsprechenden Ergebnisse wieder zu verketten. In diesem Sinne kann man bei Turbo-Prolog jedoch nicht von einer Clocksin/Mellish-Implementation sprechen.

Dagegen laufen Backtracking, Rekursion und Programmlogik weitgehend analog zum Standard-Prolog ab. Turbo-Prolog kann daher durchaus als Prolog angesehen werden und nicht als *Paslog* (*Pascal-Prolog*), wie es in einer Computer-Zeitschrift hieß. Da sich der Clocksin/Mellish-Entwurf nicht zu einer internationalen Norm entwickelt hat, wie er z.B. für FOR-TRAN 77 in Form der ISO 1539-1980 bzw. ANSI X3.9-1978 vorliegt, kam es leider dazu, daß unterschiedliche Prolog-Implementierungen auf dem Markt erschienen sind. Von Clocksin/Mellish als *de-facto*-Standard stark abweichend sind auch das besonders in England populäre micro-Prolog (vgl.[8], [11]) und das neue Prolog II (vgl.[6]), das von einer Arbeitsgruppe um A. Colmerauer stammt.

Folgende Hauptunterschiede gegenüber dem Standard-Prolog außer den obengenannten lassen sich für Turbo-Prolog feststellen:

(1) Es können keine Operatoren definiert werden.

(2) Es können nur Fakten, jedoch nicht Klauseln zur Laufzeit geändert bzw. ergänzt werden.

(3) Es fehlen die Standard-Prädikate.

```
=.. (univ), arg, call, clause, functor, gensym, name
```

Das heißt, genau diejenigen Prädikate, die es erlauben, Klauseln in Fakten bzw. Listen umzuformen. Damit ist es möglich, daß sich ein Prolog-Programm selbst modifiziert.

Das Weglassen dieser Compileroptionen ermöglicht es dem Turbo-Compiler, Syntaxprüfungen schnell und präzise vorzunehmen. Den Einschränkungen steht eine Vielzahl von Erweiterungen gegenüber:

(1) Implementierung einer Fließpunkt-Arithmetik (vgl. Beispielprogramm *simpson.pro* zur numerischen Integration).

(2) Einbeziehung der Turtle-Graphik, die in Prolog eine rekursive und daher kompakte Programmierung erlaubt (vgl. die Beispiele Binärbaum *baum2.pro* und Schneeflockenkurve *schneefl.pro*).

(3) Ein eingebauter Editor, der alle Compiler-Fehlermeldungen simultan im Quellcode anzeigt.

(4) Bequeme Zugriffsmöglichkeit auf die Betriebssystemebene und sehr schneller RAM-Zugriff.

Insbesondere die letzte Eigenschaft macht Turbo-Prolog zu einem Werkzeug, das auch in der professionellen Software-Erstellung genutzt werden kann. Die Einbindung von Assembler- und C-Routinen ist leicht möglich. Turbo-Prolog bietet daher eine ausgezeichnete Benutzer-Schnittstelle zur Realisierung von Window-Technik, Graphik und Betriebssystem-Parameter. Effektiv ist auch die Compileroptimierung, die ein Rekursionsschema, das auf eine Reihe von Funktionsaufrufen hinausläuft (*tail recursion*), in eine Iteration umformt. Wie das Programm *benchmk1.pro* zeigt, erreicht hier das Turbosystem auf einem Compaq 386 mehr als 300.000 logische Interferenzen.

Dagegen liefert die hochrekursive Listenumkehr (*benchmk2.pro*) nur 40.000 LISP.

Zusammenfassend kann man sagen, daß das Turbo-Prolog trotz des eingeschränkten Unifikationsverfahrens einen guten Einstieg in die Welt der deklarativen Programmiersprachen ermöglicht. Es bietet am Mikrocomputer einen Großteil der Möglichkeiten, die vor einigen Jahren nur an Großrechnern denkbar waren.

Literaturverzeichnis

[1] Belli F.: Einführung in die logische Programmierung mit Prolog.
Mannheim: Bibliographisches Institut 1986

[2] Borland International: Turbo PROLOG Owners Handbook.
Scotts Valley 1986

[3] Bratko I.: Programming for Artificial Intelligence.
Wokingham/Reading/Menlo Park: Addison-Wesley 1986

[4] Clocksin W.F./Mellish C.S.: Programming in Prolog.
Berlin/Heidelberg/New York/Tokio: Springer 1984

[5] Geise T.: CHIP-Special: Turbo-Prolog.
Würzburg: Vogel 1987

[6] Giannesini F./Kanoui H./Pasero R./van Caneghem M.: PROLOG.
Addison-Wesley (Deutschland) 1986

[7] Hanus M.: Problemlösungen mit PROLOG.
Stuttgart: Teubner 1986

[8] Holland G.: Problemlösungen mit micro-PROLOG.
Stuttgart: Teubner 1986

[9] Kleine-Büning H./Schmitgen S.: PROLOG.
Stuttgart: Teubner 1986

[10] von Kutschera F./Breitkopf A.: Einführung in die moderne Logik.
Freiburg/München: Alber 1971

[11] de Saram H.: Programming in micro-PROLOG.
Chicester: Ellis Horwood 1985.

[12] Schefe P.: Informatik - Eine konstruktive Einführung. LISP,
PROLOG und andere Konzepte der Programmierung.
Mannheim/Wien/Zürich: Bibliographisches Institut 1985

[13] Schmitter E.D./Flögel A.: PROLOG Anwendungen.
Holzkirchen: Hofacker 1986

[14] Schnupp P.: PROLOG Einführung in die Programmierpraxis.
München/Wien: Hanser 1986.

Schlüsselwörter und wichtige Begriffe

Das Fließmuster (*flowpattern*), das im folgenden mit FM abgekürzt wird, gibt jeweils an, ob die Variablen als frei (*i=input*), gebunden (*o=output*) oder beides auftreten können.

assert([faktum])   **FM (i)**

Speichern eines Faktums in einer Wissensbasis, die im Kernspeicher gehalten wird.

asserta([faktum])   **FM (i)**

Speichern eines Faktums am Anfang einer Wissensbasis, die im Kernspeicher gehalten wird.

assertz([faktum])   **FM (i)**

Speichern eines Faktums am Ende einer Wissensbasis, die im Kernspeicher gehalten wird.

attribut(Attr)   **FM (i)**
attribut(Attr)   **FM (o)**

Setzen oder Abfragen des Videomodus eines Fensters.

Aussagenlogik

Die Aussagenlogik befaßt sich mit der Verknüpfung mehrerer Aussagen mittels der Verküpfungen *und*, *oder*, *nicht* usw. Im Gegensatz zur Prädikatenlogik haben alle Aussagen einen bestimmten festen Wahrheitswert. Mit Hilfe von Wahrheitswerttafeln läßt sich somit stets in endlich vielen Schritten der zugehörige Wahrheitswert bestimmen.

back(Step)   **FM (i)**

Befehl der Turtle-Graphik zum Rückwärtsgehen um *step* Punkte.

Backtracking

Backtracking ist ein Verfahren zur Lösung eines Problems, bei dem sich das Verfahren aus einer "Sackgasse" zurückzieht und einen neuen Weg einschlägt. In Prolog bedeutet dies, daß eine eventuelle Instantiierung von Variablen rückgängig gemacht wird. Ein Backtracking kann mittels des Prädikats *fail* erzwungen werden.

beep

Prädikat zum Ansprechen des Lautsprechers.

bios(Intno,Regsin,Regsout)   FM (i,i,o)

Prädikat zum Auslösen eines BIOS-Interrupts.

bound(Var)   FM (i)

Prädikat zum Prüfen, ob eine Variable bereits instantiiert ist.

char_int(Char,Int)   FM (i,o)
char_int(Char,Int)   FM (o,i)
char_int(Char,Int)   FM (i,i)

Prädikat zum Umwandeln eines Zeichens in eine Ganzzahl und umgekehrt.

clearwindow

Prädikat zum Löschen des aktiven Fensters.

closefile(Datei)   FM (i)

Prädikat zum Schließen einer Datei.

concat(Str1,Str2,Str3)   FM (i,i,o)

Prädikat zum Verketten von *Str1* und *Str2* zu *Str3*.

consult (Dosname)   **FM (i)**

Prädikat zum Laden einer Datei mit Wissensbasis in den Speicher.

cursor (Zeile,Spalte)   **FM (i,i)**
cursor (Zeile,Spalte)   **FM (o,o)**

Prädikat zum Abfragen oder Setzen der Cursorposition an einer bestimmten Bildschirmstelle.

cursorform (Startzeile,Endzeile)   **FM (i,i)**

Prädikat zum Ändern der Cursorhöhe (1..14).

Das Beispiel *cursorform(1,7)* erzeugt einen halbhohen Cursor.

date(Jahr,Monat,Tag)   **FM (i,i,i)**
date(Jahr,Monat,Tag)   **FM (o,o,o)**

Prädikat zum Setzen oder Lesen der Systemzeit.

deletefile(Dosname)   **FM (i)**

Prädikat zum Löschen einer Datei im aktuellen Verzeichnis.

dir (Pfad,Dateibez,Dosname)   **FM (i,i,i)**

Liefert das Inhaltsverzeichnis des angegebenen Laufwerks.

disk (Pfad)   **FM (i)**

Setzen oder Bestimmen des aktuellen Laufwerks.

display (String)   **FM (i)**

Prädikat zum Schreiben einer Zeichenkette in das aktuelle Fenster.

dot (Zeile,Spalte,Farbe)											FM (i,i,i)
dot (Zeile,Spalte,Farbe)											FM (i,i,o)

Prädikat zum Setzen eines Punktes im Graphikmodus.

edit (String1,String2)											FM (i,o)

Prädikat zum Aufruf des Editors.

Beispiel *edit(Astring,Bstring)* ersetzt im aktuellen Fenster die Zeichenkette *astring* durch *bstring*.

eof (Datei)											FM (i)

Prädikat zum Prüfen, ob Dateiende erreicht ist.

existfile (Dosname)											FM (i)

Prädikat zum Prüfen, ob sich eine Datei im aktuellen Laufwerk befindet.

exit

Prädikat, das einen Programmabbruch erzwingt.

fail

Prädikat, das eine Klausel nicht gelingen läßt und so ein Backtracking erzwingt.

field_attr (Zeil,Spal,Laen,Attr)											FM (i,i,i,i)
field_attr (Zeil,Spal,Laen,Attr)											FM (i,i,i,o)

Prädikat zum Setzen oder Lesen eines Feldes innerhalb eines Fensters.

field_str (Zeil,Spal,Laen,Str)											FM (i,i,i,i)
field_str (Zeil,Spal,Laen,Str)											FM (i,i,i,o)

Prädikat zum Lesen einer Zeichenkette in einer Fensterposition.

filepos (Datei,Position,Modus)   FM (i,i,i)
filepos (Datei,Position,Modus)   FM (i,o,i)

Prädikat zum Setzen des Zugriffsmodus auf eine Datei.

file_str (Datei,String)   FM (i,o)
file_str (Datei,String)   FM (i,i)

Prädikat zum Einlesen eines Textdateiinhalts in eine Zeichenkette bis die
Tastenkombination *Ctrl-Z* gefunden wird (max. 64 Kbyte).

findall (Var,[atom],Listvar)

Prädikat zum Sammeln einer Information aus einer Liste.

flush (Datei)   FM (i)

Prädikat zum Löschen des Datenpuffers.

forward (Step)   FM (i)

Befehl der Turtle-Graphik zum Vorwärtsgehen um *step* Punkte.

free (Var)   FM (i)

Prädikat, das gelingt, wenn die Variable noch frei ist.

frontchar (String,Char,Reststring)   FM (i,o,o)
frontchar (String,Char,Reststring)   FM (i,i,o)
frontchar (String,Char,Reststring)   FM (i,i,i)
frontchar (String,Char,Reststring)   FM (i,o,i)
frontchar (String,Char,Reststring)   FM (o,i,i)

Prädikat, das gelingt, wenn *String* die Verkettung aus *Char* und *Reststring*
ist.

frontstr(Anz,Str1,Anfstr,Str2)   **FM (i,i,o,o)**

Prädikat, das gelingt, wenn *Str1* die Verkettung von *Anfstr* und *Str2* ist. *Anfstr* enthält den Anfang von *Str1* (Anzahl der Zeichen).

fronttoken(String,Token,Rest)   **FM (i,o,o)**
fronttoken(String,Token,Rest)   **FM (i,i,o)**
fronttoken(String,Token,Rest)   **FM (i,o,i)**
fronttoken(String,Token,Rest)   **FM (i,i,i)**
fronttoken(String,Token,Rest)   **FM (o,i,i)**

Prädikat, das gelingt, wenn *String* die Verkettung von *Token* und *Rest* ist. *Token* ist entweder ein Name oder ein Zeichen.

graphics(Modus,Palette,Hintergr)   **FM (i,i,i)**

Befehl zum Umschalten in den Graphikmodus.

Horn-Klausel

Von allen möglichen Aussagenverknüpfungen lassen sich nur einige weni- ge direkt in Prolog umsetzen, beispielsweise

```
a & b ;   a v b  (Es gilt A und/oder B)

a1 & a2 & a3 -> b (Wenn A1, 2, 3 dann B)
```

Klauseln dieser Form nennt man *Horn-Klauseln*. Abgesehen vom Prädikat *fail* und dem *Cut*-Operator sind alle Prolog-Sprachkonstrukte (wie Fakten und Regeln) als Horn-Klausel anzusehen.

inkey (Char)   **FM (o)**

Prädikat, das gelingt, wenn von der Tastatur ein einzelnes Zeichen einge- lesen wird.

Instantiierung

Belegt man eine Prolog-Variable mit einem bestimmten Wert, so ist sie instantiiert. Im Gegensatz zur Wertzuweisung in anderen Programmier- sprachen kann diese Instantiierung nur durch ein *Backtracking* rückgängig gemacht werden. Eine instantiierte Variable heißt auch *gebunden*.

isname(String)   **FM (i)**

Prädikat, das gelingt, wenn *String* ein gültiger Name in Turbo-Prolog ist.

left (Winkel)   **FM (i)**
left (Winkel)   **FM (o)**

Bestimmt oder gibt den Winkel der Turtle (gegen Uhrzeigersinn) an.

line(Zeil1,Spal1,Zeil2,Spal2,Farb)   **FM (i,i,i,i)**

Zeichnet eine Gerade im gewählten Graphikmodus in NDC-Koordinaten.

makewindow(WindowNr,SchAttr,RahmAttr,Kopf,Zeil,Spal,Höhe,Weite)
FM (i,i,i,i,i,i,i,i)

Definiert ein Fenster der *WindowNr* mit den Bildschirm- und Rahmenattributen *SchAttr* bzw. *RahmAttr*. *Zeil* und *Spal* sind die Koordinaten der linken oberen Fensterecke. *Höhe* und *Weite* geben die Ausmaße des Fensters an. Der normale Bildschirm unterteilt sich in 25 Zeilen zu je 80 Spalten.

membyte(Segment,Offset,Byte)   **FM (i,i,i)**
membyte(Segment,Offset,Byte)   **FM (i,i,o)**

Prädikat, das ein Byte nach der Formel *16*Segment+Offset* setzt oder liest.

memword(Segment,Offset,Word)   **FM (i,i,i)**
memword(Segment,Offset,Word)   **FM (i,i,o)**

Prädikat, das ein *Wort* nach der Formel *16*Segment+Offset* setzt oder liest.

nl

Gibt einen Zeilenvorschub an die Ausgabeeinheit aus.

not([atom])

Gelingt, wenn *atom* ein Prädikat ist, das mißlingt.

openappend(Dateiname,Dosname) FM (i,i)

Öffnet die DOS-Datei *Dosname* und verknüpft sie mit dem symbolischen Dateinamen zum Anhängen.

openmodify (Dateiname,Dosname) FM (i,i)

Öffnet die DOS-Datei *Dosname* und verknüpft sie mit dem symbolischen Dateinamen zum Lesen und Schreiben.

openread (Dateiname,Dosname) FM (i,i)

Öffnet die DOS-Datei *Dosname* und verknüpft sie mit dem symbolischen Dateinamen zum Lesen.

openmodify (Dateiname,Dosname) FM (i,i)

Öffnet die DOS-Datei *Dosname* und verknüpft sie mit dem symbolischen Dateinamen zum Schreiben. Falls die DOS-Datei bereits existiert, wird sie gelöscht.

pencolor(Farbe) FM (i)

Setzt die Vordergrundfarbe im Graphikmodus.

pendown

Setzt die Turtle auf das Blatt.

penpos(Xkoord,Ykoord,Richtung) FM (i,i,i)
penpos(Xkoord,Ykoord,Richtung) FM (o,o,o)

Setzt oder liefert die Koordinaten und Richtung der Turtle.

penup

Hebt die Turtle vom Blatt.

portbyte(PortNr,Wert)   FM (i,i)
portbyte(PortNr,Wert)   FM (i,o)

Liefert oder setzt den Wert am Port mit der Nummer *PortNr*.

Prädikatenlogik

Im Gegensatz zur Aussagenlogik befaßt sich die Prädikatenlogik mit Aussagenformen und Quantoren, beispielsweise:

    Es gibt Säugetiere, die im Wasser leben (Existenzquantor)

    Alle Menschen sind sterblich (Allquantor)

Da in eine Aussageform u.U. unendlich viele Objekte eingesetzt werden können und die Gültigkeitsbereiche der Quantoren auch beliebig verschachtelt sein können, kann es Probleme geben, die in endlich vielen Schritten nicht entscheidbar sind.

ptr_dword(String,Segment,Offset)   FM (i,o,o)
ptr_dword(String,Segment,Offset)   FM (o,i,i)

Prädikat, das die Adresse von *String* nach der Formel *16*Segment+Offset* setzt oder liest.

readchar (Char)   FM (o)

Liest ein einzelnes Zeichen aus der Eingabeeinheit.

readdevice (Dateiname)   FM (i)
readdevice (Dateiname)   FM (o)

Setzt oder liefert den aktuellen symbolischen Dateinamen.

readint (Int)   FM (o)

Liest eine ganze Zahl aus der Eingabeeinheit.

readln (String) FM (o)

Liest eine ganze Zeile aus der Eingabeeinheit.

readreal (Reell) FM (o)

Liest eine reelle Zahl aus der Eingabeeinheit.

readterm (Domain,Term) FM (i,o)

Liest einen Term, der vom *write*-Prädikat geschrieben wurde. *Term* muß dem *Domainformat* entsprechen.

Rekursion

Eine Funktion, die sich selbst aufruft oder ein Datentyp, der sich selbst enthält, heißt *rekursiv*. Listen sind in natürlicher Weise rekursiv, da man nach dem Wegnehmen des ersten Element wieder eine Liste erhält (nicht-leere Liste). Die Rekursion stellt neben dem Backtracking ein grundlegendes Verfahren zur Steuerung des Programmauflaufs dar.

removewindow

Löscht das aktuelle Fenster.

renamefile(Alt_Dosname,Neu_Dosname) FM (i,i)

Umbenennen einer Dos-Datei im aktuellen Laufwerk.

retract([faktum]) FM (i)

Löscht das erste Faktum der Datenbasis, das dem Faktum entspricht.

right (Winkel) FM (i)
right (Winkel) FM (o)

Bestimmt oder gibt den Winkel der Turtle (im Uhrzeigersinn) an.

save (Dosname)   **FM (i)**

Speichert alle Datenbank-Prädikate unter dem angegebenen Dateinamen.

scr_attr (Zeile,Spalte,Attr)   **FM (i,i,i)**
scr_attr (Zeile,Spalte,Attr)   **FM (i,i,o)**

Setzt oder liest die Attribute eines Zeichens an der gegebenen Bildschirmstelle.

scr_char (Zeile,Spalte,Attr)   **FM (i,i,i)**
scr_char (Zeile,Spalte,Attr)   **FM (i,i,o)**

Setzt oder liest das Zeichen an der gegebenen Bildschirmstelle.

shiftwindow (FensterNr)   **FM (i)**
shiftwindow (FensterNr)   **FM (o)**

Setzt oder liefert die aktive Fensternummer.

sound (Dauer,Frequenz)   **FM (i,i)**

Gibt einen Ton der gegebenen Frequenz am Lautsprecher aus. Die Tondauer ist in Hunderstel Sekunden angegeben.

storage(Stack,Heap,Trail)   **FM (o,o,o)**

Liefert den benötigten Speicherplatz von *Stack*, *Heap* und *Trail*.

str_char (String,Char)   **FM (i,o)**
str_char (String,Char)   **FM (o,i)**
str_char (String,Char)   **FM (i,i)**

Prädikat, das gelingt, wenn *Char* und *String* dasselbe Zeichen darstellen.

str_int (String,Int)   **FM (i,o)**
str_int (String,Int)   **FM (o,i)**
str_int (String,Int)   **FM (i,i)**

Prädikat, das gelingt, wenn *Int* und *String* dasselbe Zeichen darstellen.

str_len (String,Länge)   **FM (i,o)**
str_len (String,Länge)   **FM (o,i)**
str_len (String,Länge)   **FM (i,i)**

Prädikat, das gelingt, wenn *String* die angegeben *Länge* hat.

str_real (String,Real)   **FM (i,o)**
str_real (String,Real)   **FM (o,i)**
str_real (String,Real)   **FM (i,i)**

Prädikat, das gelingt, wenn *Real* und *String* dieselbe Zeichenkette darstellen.

system (DOS-Kommando)   **FM (i)**

Übergibt den Befehl *DOS-Kommando* an das Betriebssystem.

text

Schaltet den Bildschirm aus dem Graphik- in den Textmodus.

time (Std,Min,Sek,Hdst)   **FM (i,i,i,i)**
time (Std,Min,Sek,Hdst)   **FM (o,o,o,o)**

Setzt oder liest die Systemzeit.

trace (Status)   **FM (i)**
trace (Status)   **FM (o)**

Schaltet *Trace*-Modus aus oder an.

upper_lower (String1,String2)   **FM (i,o)**
upper_lower (String1,String2)   **FM (o,i)**
upper_lower (String1,String2)   **FM (i,i)**

Prädikat das gelingt, wenn *String2* durch Großschreibung aus *String1* hervorgeht.

Unifikation

Die Unifikation ist ein Verfahren zur Instantiierung von Variablen, damit Prädikate mit komplexen Datenstrukturen erfüllt werden können. Dies liefert einen flexiblen Wertübergabemechanismus in Prolog, der eine symbolische oder abstrakte Problembehandlung erlaubt

window_attr (Attr)   **FM (i)**

Gibt die Attribute des aktiven Fensters an.

window_str (String)   **FM (i)**
window_str (String)   **FM (o)**

Liefert den im aktiven Fenster gezeigten *String*.

write(var1,var2,var3,..)   **FM (i,i,i,...)**

Schreibt die Variablen zur Ausgabeeinheit.

writedevice(Dateiname)   **FM (i)**
writedevice(Dateiname)   **FM (o)**

Liefert oder setzt den symbolischen Dateinamen zum Schreiben oder Lesen.

writef(Formatstring,Arg1,Arg2,...)   **FM (i,i,i,..)**

Gibt die Argumente *Arg1*, *Arg2* usw. gemäß dem *Formatstring* aus (auch gebunden).

Stichwortverzeichnis

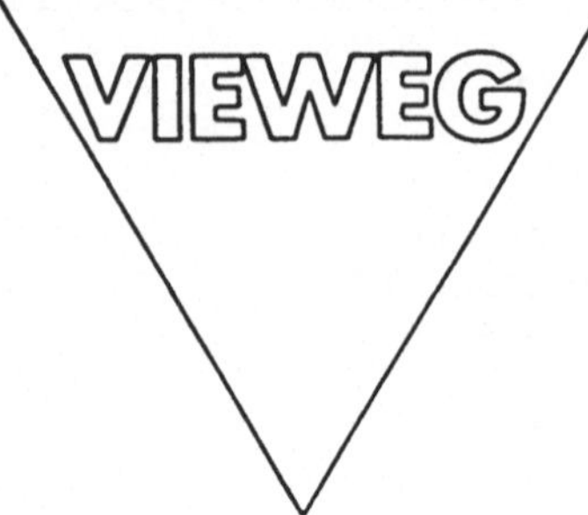

Hartmut Bossel

Systemdynamik

Grundwissen, Methoden und BASIC-Programme zur Simulation dynamischer Systeme. 1987.
IV, 310 S. mit 140 Abb. 16,2 x 22,9 cm. Kart.
Inhalt: Systemanalyse: Eine Einführung – Grundwissen der Modellbildung und Simulation –
Verhalten und Stabilität dynamischer Systeme: Systemgleichungen und Blockdiagramme;
Grundmuster des Verhaltens dynamischer Systeme; Einfluß der Systemstruktur auf Verhalten
und Stabilität: Untersuchungen mit den Programmen „SYSANT" und „GLODYS" – Simulations-
modelle – Anhang.
Die Wirklichkeit wird nicht so sehr geprägt durch die Einzelfunktionen ihrer Bestandteile,
sondern vielmehr durch deren Zusammenwirken. In der Systemtheorie wird die Tatsache
verwendet, daß Systeme den gleichen Systemgesetzen folgen können, obwohl sie als reale
Systeme physisch völlig verschieden sein können. Damit ergibt sich die Möglichkeit, diese
Systeme mit äquivalenten mathematischen Beschreibungen oder Computersimulationen
darzustellen. Die Systemtheorie bildet das theoretische Gerüst der Systemanalyse. Das Buch
führt zunächst in allgemeine Konzepte der Systemtheorie ein, die es erlauben, komplexe
Systeme zu verstehen und zu beschreiben, unabhängig von ihrer physischen Gestalt. Danach
werden die Werkzeuge der Systemanalyse eingeführt, die die systematische formale
Beschreibung komplexer Systeme ermöglichen, um dann ihr Verhalten unter verschiedenen
Umständen analysieren zu können. Das Systemverhalten wird dann durch die Computersimu-
lation ermittelt, die im Detail in den letzten beiden Kapiteln beschrieben wird.

Disketten-Set für IBM PC zum Buch:
Zwei 5 1/4"-Disketten für IBM PC und Kompatible unter MS-DOS mit BASIC.

Jürgen Handke

Sprachverarbeitung mit LISP und PROLOG auf dem PC

1987. XII, 301 S. 16,2 x 22,9 cm. (Programmieren von Mikrocomputern, Bd. 27.) Kart.

Bisher war das Gebiet der maschinellen Sprachverarbeitung Experten vorbehalten: Auf der
einen Seite sind dies die Sprachwissenschaftler, die jedoch im Umgang mit PC kaum vertraut
sind, und andererseits Programmierexperten, denen die Komplexität der natürlichen Sprache
nicht genügend bekannt ist. So war der Kreis derjenigen, die sich mit diesem Problembereich
beschäftigen, klein. Dem soll mit dem Buch zur Sprachverarbeitung entgegengewirkt werden.
Das Buch wendet sich an all' jene, die im Umgang mit LISP und PROLOG vertraut werden
wollen. Es werden die Probleme der natürlichen Sprache und die Umsetzung in eine Programmiersprache – LISP und PROLOG – ausführlich behandelt. Dem Leser wird die Benutzung mit
den Programmiersprachen der Künstlichen Intelligenz leicht nachvollziehbar erläutert.